SENTENCES
ET PROVERBES
DE LA SAGESSE CHINOISE

« Espaces libres »

SENTENCES ET PROVERBES DE LA SAGESSE CHINOISE

*choisis, adaptés et commentés
par Bernard Ducourant*

Albin Michel

Albin Michel
■ *Spiritualités* ■

*Collection « Espaces libres » dirigée
par Jean Mouttapa et Marc de Smedt*

Première édition :

© La Maisnie-Trédaniel, 1990

Édition au format de poche :

© Éditions Albin Michel, 1995

INTRODUCTION

> « *Un livre bien neuf et bien original serait celui qui nous ferait aimer de vieilles vérités.* »
>
> (Vauvenargues)

Pour quelle raison l'idée de sagesse se trouve-t-elle, aujourd'hui encore, si fortement liée dans nos esprits à la Chine antique des premières dynasties ? L'Occident a pourtant vu naître quantité de fameux penseurs, sûrement même en plus grand nombre que là-bas. Mais, tandis que nos grands hommes allaient à la bataille en ordre dispersé, développant chacun pour soi ses idées dans des directions souvent fort opposées, les Chinois se trouvèrent au contraire très tôt guidés par l'unique et solide fil conducteur que constituait pour eux le concept du *Yin* et du *Yang*, aussi vieux que la Chine elle-même.

Le Yin et le Yang, ce sont les deux forces opposées mais complémentaires : l'énergie vitale, Yang, et la matière inerte, Yin, qui règlent l'ordre de la nature et conditionnent le développement harmonieux de toute chose à la surface de notre planète et par conséquent, qui déterminent aussi le développement harmonieux de la société humaine.

Les uns — les taoïstes — en tireront une *philosophie de la nature*, tandis que les autres — Confucius et ses disciples — pratiqueront une forme de morale sociale fondée sur la *vertu d'humanité*, les uns et les autres se retrouvant cependant autour de l'important concept de *juste milieu*, découlant lui-même du concept du Yin et du Yang, ce « juste milieu » qui a d'ailleurs contribué pour beaucoup à asseoir la réputation universelle de la sagesse chinoise : le rejet des extrêmes, le refus des excès en toute chose, voilà selon les sages quelle est la conduite la plus conforme à l'ordre naturel, la seule conduite susceptible de garantir à la fois la paix intérieure des individus, l'harmonie de leurs rapports et, par suite, l'équilibre de la société tout entière.

Ensuite, ce qui distingue les sages chinois de nos propres philosophes, ce sont les moyens choisis pour communiquer leurs idées.

Peu enclin aux spéculations métaphysiques, le sage chinois ne raisonne jamais dans l'abstrait : il cherche avant tout à éveiller la pensée et à convaincre. Il enseigne une conduite de vie. Son « discours » sera donc émaillé d'un grand nombre de « sentences », quelques mots frappés à l'emporte-pièce ou finement ciselés, quelques phrases d'une admirable concision qui font *image*, parfois volontairement naïves mais non dénuées de poésie ou d'humour, parfois si simples qu'il est malaisé de les distinguer des proverbes populaires, eux-mêmes souvent inspirés de la pensée des sages, lorsqu'ils n'en constituent pas une réplique exacte ; ceci explique le prestige dont sont parés les proverbes populaires en Chine, contrairement aux proverbes de chez nous. Au point que les sages chinois eux-mêmes n'hésitaient pas à ponctuer leurs œuvres philosophiques de proverbes ou d'adages puisés au fond populaire, chaque fois que ceci pouvait contribuer à éclairer leur pensée : on en citerait cent exemples. C'est d'ailleurs la raison pour laquelle, dans le présent ouvrage, sentences et proverbes « populaires » ont été étroitement mêlés, de sorte qu'ils se complètent et s'expliquent mutuellement, avec en prime quelques courts extraits de poèmes, eux-mêmes souvent imprégnés de la pensée des sages.

JUSTE MILIEU, JUSTE MESURE ÉQUILIBRE

(cible traversée en son centre par une flèche)

Il s'agit également du caractère qui désigne la Chine : l'Empire du Milieu.

En somme, par le biais de la sentence ou du proverbe, le sage entend résumer clairement et concrètement sa pensée et, en quelque sorte, la vulgariser à l'intention de ses disciples, selon le principe que rappellera plus tard Diderot : « La maxime est un clou qui s'enfonce dans l'esprit ».

Cependant, ne nous y trompons pas. Si la littérature des sages et philosophes chinois « aime à se parer de toute sa sagesse et de tout le prestige des proverbes » (1), la simplicité voire le pittoresque du procédé, excellent pour émoustiller dans un premier temps l'attention, ne peut en faire oublier le sens profond et n'en révèle pas moins une connaissance très fine et approfondie de la nature humaine, dont nous serions bien légers de ne pas tirer profit, aujourd'hui encore.

Généralement moins anecdotiques que les maximes de nos propres moralistes, la sentence chinoise ou le proverbe populaire de là-bas, mérite que l'on s'y arrête longuement, que l'on y réfléchisse calmement jusqu'à en exprimer toute la substance, que l'on y revienne au besoin de temps à autre. Il en est même un certain nombre que des heures voire des jours de méditation ne suffiraient pas à vider de leur sens. En somme, une source de sagesse quasi inépuisable, à laquelle nous vous conseillons d'aller vous abreuver, vous *rafraîchir*, aussi souvent que possible, sans crainte de la voir jamais tarie. Toujours, il y aura quelque chose à y puiser, pour votre plus grand profit.

Au total, les sept cents sentences et proverbes que l'on trouvera dans le présent ouvrage représentent la

---

(1) Marcel Granet, *La Pensée chinoise*, Albin Michel, Paris, 1935.

quintessence de la sagesse chinoise : un ensemble unique de *conseils de vie*, regroupés par thèmes et sujets d'intérêt, tous auteurs et toutes époques confondus. Un conseiller permanent toujours à la portée de la main, d'une perspicacité sans défaut ; un « maître à penser » qui invite à la réflexion plus qu'il n'ordonne et dirige.

Chaque fois que l'esprit hésite sur la conduite à tenir ou qu'une décision à prendre se révèle difficile, un petit moment de réflexion sur un seul de ces petits trésors de la sagesse universelle vaudra souvent mieux que les « bons conseils » d'un ami, certes désintéressé, mais ne possédant pas toujours la fine pénétration psychologique ni le sens de la mesure sur lesquels les sages chinois d'antan ont bâti leur réputation.

DAI

HOMME
ÊTRE HUMAIN
(Représentation d'un homme)

1

DE LA DESTINÉE HUMAINE

Pour se représenter concrètement l'idée que les sages chinois se font de la condition et de la destinée humaine, le mieux est de se plonger dans la contemplation des admirables « paysages » dont les artistes chinois d'antan avaient le secret et de comparer ces chefs-d'œuvre à nuls autres semblables aux peintures des artistes occidentaux de la même époque. Tandis que, chez nous, l'être humain sera le plus souvent orgueilleusement projeté sur le devant du tableau, façon de célébrer la victoire de l'espèce humaine sur l'univers hostile où elle a vue le jour, chez les artistes paysagistes chinois, au contraire, l'homme sera toujours intégré à son environnement, minuscule morceau de nature parmi d'autres morceaux de nature, si minuscule que le regard aura souvent du mal à le localiser lors de sa première et superficielle exploration du tableau.

Bref, pour le sage chinois, l'homme et la nature forment un tout indissociable. L'homme participe du courant universel et, s'il en domine le cours par certains côtés, il lui est soumis en bien d'autres domaines. Belle leçon de modestie que nous donnent ainsi les artistes et les sages chinois ramenant l'homme à sa juste dimension, à la juste place qui est la sienne dans l'univers, un univers qu'il ne maîtrise sans doute pas si bien qu'il se plait à l'affirmer mais qui ne lui est pas non plus aussi hostile qu'il pourrait le craindre

DE LA DESTINÉE HUMAINE

1

Tes jours viennent et puis s'en vont ; qui en connaît la raison ?

(Lie-Tseu)

2

Quel homme le premier regarda la lune ? Quelle lune la première éclaira l'homme ?

(Wang-Wei)

3

Tout passe comme cette eau ; rien ne s'arrête ni jour ni nuit.

(Confucius)

4

Inutile de tirer votre épée pour couper de l'eau ; l'eau continuera de couler.

(Li-Po)

5

L'ombre se meut selon les vœux du soleil.

(Proverbe)

6

Rien n'arrive sur cette terre que le ciel ne ramène de nouveau dans le cercle de ses révolutions.

(Tchou-Hi)

7

A quoi bon d'avoir la crainte du ciel pour boussole, si la conscience ne tient pas le gouvernail.

(Proverbe)

8

Le jour éloigné existe, mais celui qui ne viendra pas, n'existe pas.

(Proverbe)

9

Il n'y a point de roses de cent jours.

(Proverbe)

10

Demain, les fleurs seront flétries, au grand regret des papillons ; vanité des choses humaines !

(Proverbe)

11

Tchouang-Tseu rêva un jour qu'il était un papillon, un papillon tout heureux de vivre. Mais bientôt il se réveilla et s'aperçut qu'il était Tchouang-Tseu. Il ne savait plus s'il avait rêvé qu'il était un papillon, ou bien s'il était un papillon rêvant qu'il était Tchouang-Tseu.

(Tchouang-Tseu)

12

C'est dormir toute sa vie que de croire à ses rêves.

(Proverbe)

13

Au lieu d'espérer et d'attendre le temps, ne vaut-il pas mieux utiliser son temps ?

(Siun-Tseu)

14

Rien n'abrège la vie comme les pas perdus, les paroles oiseuses et les pensées inutiles.

(Proverbe)

15

L'apparence des choses est facile à voir ; mais leur principe est difficile à connaître.

(Empereur Wou de Leang)

16

Quand l'escargot bave, ne lui en demandez pas la raison.

(Proverbe)

17

Le vide d'un jour perdu ne sera jamais rempli.

(Proverbe)

SHENG

LES ÊTRES VIVANTS
NAÎTRE, VIVRE

*(représentation d'une petite pousse
sortant de terre)*

18

Épargnez jusqu'aux moindres instants : un moment de temps est une parcelle d'or.

(Proverbe)

19

Il vaut mieux allumer une seule et minuscule chandelle que de maudire l'obscurité.

(Proverbe)

20

L'amande échoit à qui n'a pas de dents.

(Proverbe)

21

Celui qui a une juste idée de la providence ne se tient pas au pied d'un mur qui menace ruine.

(Mong-Tseu)

DE LA CONDITION HUMAINE

22

Si l'homme ne vous voit pas, le ciel vous regarde.

(Proverbe)

23

L'homme ne voit que le moment présent ; le ciel embrasse au loin l'avenir.

(Proverbe)

24

Qui peut sortir autrement que par la porte ? Qui peut marcher autrement que sur le chemin ?

(Confucius)

25

Jusqu'à ce qu'aujourd'hui devienne demain, on ne saura pas les bienfaits du présent.

(Proverbe)

26

Je me sens n'être plus dans l'univers qu'un caillou ou un arbuste sur une grande montagne. Conscient de ma petitesse, comment oserai-je m'enorgueillir ?

(Tchouang-Tseu)

27

La condition d'un excellent cheval qui plie sous son fardeau ne vaut pas celle d'un moins bon cheval qui marche à son aise.

(Seu-Ma-Tsien)

28

Il vaut mieux tenir le premier rang parmi les poules que le dernier parmi les bœufs.

(You-Ho)

29

Dans une eau souvent troublée, les poissons et les tortues grandissent mal.

(Proverbe)

30

Qui ne peut payer de sa bourse, paie de son corps

(Proverbe)

31

Qui s'attache à l'argent s'attire des affronts ; qui s'attache au pouvoir s'épuise ; qui vit dans l'oisiveté s'y noie ; qui s'habitue au bien-être en devient esclave. Quelle vie de maladie !

(Tchouang-Tseu)

XIN

CŒUR
ESPRIT, RÉFLEXION

(représentation du cœur)

32

Le faisan de la lande becquète tous les dix pas ; il boit tous les cent pas ; il ne veut pas sa nourriture au prix de sa mise en cage. Ainsi il n'envie point le bonheur d'un roi.

(Tchouang-Tseu)

33

Les jolies filles ne sont pas toujours heureuses et les garçons intelligents rarement beaux.

(Proverbe)

34

Les hommes sont affairés, mais le ciel ne l'est pas. Mais si le ciel est affairé, aussitôt tout est en mouvement.

(Proverbe)

35

Quel a été le plus beau siècle de la philosophie ? Celui où il n'y avait pas encore de philosophes.

(Proverbe)

36

Ciseler, polir, ne vaut pas laisser agir la nature.

(Tchouang-Tseu)

37

Mille souvenirs ne valent pas une pensée.

(Proverbe)

DE LA MORT ET DE L'AU-DELÀ

38

Quand on ne sait pas ce qu'est la vie, comment pourrait-on connaître la mort ?

(Proverbe)

39

L'homme se nourrit de la terre pendant toute une vie ; la terre mange l'homme et n'en fait qu'une bouchée.

(Proverbe)

40

J'ai soin de bien vivre afin de bien mourir.

(Tchouang-Tseu)

41

Ma petite sagacité ne suffit pas à me conserver sain et sauf.

(Lo Pang Wang)

42

Ce n'est pas le ciel qui tranche prématurément le fil de la vie des hommes ; ce sont les hommes qui, par leurs égarements, s'attirent eux-mêmes la mort au milieu de leur vie.

(Mong-Tseu)

43

Celui-là périt, qui se croit trop sûr de rester en vie.

(Proverbe)

44

Le sage vit longtemps, le méchant meurt souvent de bonne heure.

(Proverbe)

45

Parmi les choses que je redoute, il en est de plus redoutables que la mort.

(Mong-Tseu)

46

En mourant, la panthère laisse sa peau, l'homme abandonne sa renommée.

(Proverbe)

47

Le destin des hommes est de mourir... Pourquoi m'attrister, alors que mon sort est normal et que mon destin est celui de tous les humains ?

(Lie-Tseu)

MO

DÉCLIN

(au centre et en bas, le soleil, se couchant derrière les hautes herbes)

48

Lie-Tseu au cours d'un voyage prenait son repas au bord du chemin lorsque soudain il aperçut un vieux crâne au milieu des touffes d'herbe. Il arracha les herbes, pointa l'index vers le crâne et dit : « Seuls, toi et moi, nous savons que tu n'es ni mort ni vivant. Es-tu vraiment malheureux ? Suis-je vraiment heureux ? »

(Tchouang-Tseu)

49

On ne peut prolonger sa vie, mais on ne doit pas hâter sa mort.

(Lie-Tseu)

50

A la mort, les poings sont vides.

(Proverbe)

51

Le médecin guérit de la maladie, non de la mort ; il est comme le toit qui protège de la pluie, non de la foudre.

(Proverbe)

2

DE LA NATURE HUMAINE

Infatigables observateurs de la nature dans ses manifestations les plus diverses et par conséquent, également fins observateurs des comportements humains, à l'époque où l'Occident sortait à peine de l'âge néolithique, les Chinois des premières dynasties, par ailleurs saisis par la manie de la classification, furent sans doute les premiers à percer les mécanismes de l'âme humaine, puis à les cataloguer systématiquement. Psychologues avant l'heure, rien ne leur échappe des instincts qui poussent l'espèce humaine à agir, des passions qui agitent les hommes et des névroses qu'elles entraînent parfois, mais rien ne les décourage de mettre par ailleurs en avant les qualités « humaines » qui font au contraire l'honneur de l'espèce.

Refusant la factice distinction de classe entre le lettré (ou le mandarin) et l'homme du peuple, les sages chinois, à la suite de Confucius, préféreront donc opposer nettement « l'homme de bien » (ou l'homme de qualité), terme désignant tout homme possédant la vertu d'humanité, et « l'homme de peu », uniquement préoccupé de la satisfaction égoïste de ses besoins ou s'abandonnant sans retenue à ses passions dévorantes.

DE LA NATURE HUMAINE

52

Autant de têtes, autant de sentiments.

(Commentaires sur le Tchoueng-Ts'ieou)

53

Tous les hommes ont une figure, tous les arbres ont une écorce.

(Proverbe)

54

Les rats connaissent bien la route des rats. - (Qui se ressemble, s'assemble...)

(Proverbe)

55

Il est plus facile de déplacer un fleuve que de changer son caractère.

(Proverbe)

56

On ne fera pas vivre en solitude, celui qui est fait pour converser avec les hommes ; on ne fera pas converser avec les hommes, celui qui est fait pour la solitude.

(Tchouang-Tseu)

57

Le dragon engendre un dragon et le phénix un phénix.

(Proverbe)

58

Dans l'enfance, tous les hommes sont frères ; dans l'âge mûr, chacun ne pense plus qu'à soi.

(Confucius)

59

De tout ce qui est en l'homme, rien n'est meilleur que la pupille de l'œil : elle ne sait pas cacher ce que le cœur a de mauvais.

(Mong-Tseu)

60

On ne peut mesurer la mer ; on ne peut sonder le cœur de l'homme.

(Proverbe)

61

Non seulement le corps a sa cécité et sa surdité, mais aussi l'intelligence.

(Tchouang-Tseu)

62

Un homme n'est pas bon à tout, mais il n'est jamais propre à rien.

(Se-Ma-Fé)

63

Les troncs galeux ont des branches fleuries.

(Proverbe)

64

Le sage et l'insensé sont formés de la même matière.

(Han-Iû)

65

On peut émouvoir le cœur de l'homme ; on ne peut émouvoir le cœur du loup.

(Proverbe)

66

Dans un corps humain peut se cacher un cœur de bête ; un corps de bête peut contenir un cœur d'homme.

(Lie-Tseu)

67

Le nuage d'automne est fuyant ; plus fuyant encore que la bonne volonté de l'homme.

(Proverbe)

68

Ce par quoi l'homme diffère des animaux n'est presque rien. L'homme de peu le perd ; l'homme de bien le conserve.

(Mong-Tseu)

69

Je n'ai encore jamais vu un homme qui aimât vraiment la vertu et haït sincèrement le vice.

(Confucius)

70

L'usage du monde conduit à la défiance ; la défiance mène aux soupçons ; les soupçons à la finesse ; la finesse à la méchanceté ; et la méchanceté mène à tout.

(Proverbe)

71

De même qu'une cloche ne tinte pas sans être ébranlée, de même l'homme n'est pas vertueux sans exhortations.

(Proverbe)

72

Belles paroles et mauvaises intentions : c'est souvent.

(Confucius)

73

Les hommes craignent la mort, et ils s'attirent la mort en se plaisant à traiter les autres avec inhumanité. C'est comme s'ils craignaient l'ivresse et buvaient le plus possible.

(Mong-Tseu)

74

Le grand défaut des hommes, c'est d'abandonner leurs propres champs pour aller ôter l'ivraie de ceux des autres.

(Mong-Tseu)

75

Un grand défaut, c'est d'aimer donner des leçons aux autres.

(Mong-Tseu)

76

Qui récompense se lasse ; qui reçoit les faveurs n'en a jamais de trop.

(Commentaires sur le Tchouang-Ts'ieou)

77

La vie de l'homme dépend de sa volonté ; sans volonté, elle serait abandonnée au hasard.

(Confucius)

78

L'or pur ne redoute pas le feu.

(Proverbe)

79

Qui plante la vertu, ne doit pas oublier de l'arroser souvent.

(Le Chou-King)

YI

VERTU
DROITURE, JUSTICE

80

Le chemin du devoir est toujours proche ; mais l'homme le cherche loin de lui.

(Proverbe)

81

La raison est droite, mais la route est sinueuse.

(Proverbe)

82

Les vérités que l'on aime le moins à entendre sont souvent celles qu'on a le plus besoin de savoir.

(Proverbe)

83

Ce ne sont pas ceux qui savent le mieux parler qui ont les meilleures choses à dire.

(Proverbe)

84

Souvent le vrai résonne comme le faux, et le faux résonne comme le vrai.

(Lao-Tseu)

85

Un homme qui ne tient pas parole n'est guère plus utile qu'un char à bœuf sans joug ou qu'une voiture sans attelage.

(Confucius)

SHI

SINCÉRITÉ
DÉTERMINATION, FERMETÉ

(représentation d'une flèche)

86

Si les princes savaient parler et les femmes se taire ; les courtisans dire ce qu'ils pensent et les domestiques le cacher, tout l'univers serait en paix.

(Proverbe)

87

Il n'y a de tache qu'en un endroit et pourtant tout l'habit est gâté.

(Proverbe)

88

Se peut-il qu'un homme soit moins sage qu'un oiseau ?

(Confucius)

SAI

PENSER
MÉDITER, RÉFLÉCHIR

(*En haut, tête + cœur, en bas*)

L'HOMME DE BIEN
ET L'HOMME DE PEU

89

Le jour paraît trop court à l'homme vertueux pour faire le bien ; et au méchant pour faire le mal.

(Le Chou-King)

90

L'homme de bien acquiert de la considération en usant généreusement de ses richesses ; l'homme de peu augmente ses richesses aux dépens de sa considération.

(Tshêng-Tseu)

91

L'homme de bien est impartial et il vise à l'universel ; l'homme de peu est sectaire et ne pense que privilèges.

(Confucius)

92

Celui qui demeure avec un homme de bien est comme celui qui fréquente une maison parfumée ; avec le temps il se transforme et lui devient semblable.

(Kia-Iû)

SHI

LETTRÉ, SAGE

*(celui qui sait tout, de un — le trait inférieur —
à dix — la croix)*

93

On mesure une tour à son ombre et les grands hommes au nombre de leurs détracteurs.

(Proverbe)

94

L'araignée est l'image de l'homme de peu ; elle ourdit sa toile au milieu des concombres.

(Tou-Fou)

95

Prenez garde à l'homme de peu ; lorsqu'il craint de perdre ses privilèges, il est capable du pire.

(Confucius)

96

Les bons conseils pénètrent jusqu'au cœur du sage ; ils ne font que traverser l'oreille des méchants.

(Proverbe)

97

Nature qui l'emporte sur culture est fruste ; culture qui l'emporte sur nature est pédante. Seule leur combinaison harmonieuse donne l'homme de bien.

(Confucius)

98

L'homme de bien se révèle dans les grandes occasions ; l'homme de peu ne s'accomplira jamais que dans les petites tâches.

(Confucius)

99

Ce qui retient l'homme de peu dans le devoir, c'est la crainte.

(Proverbe)

100

L'homme de peu considère un peu de bien comme sans valeur, et il ne le fait point ; et il considère un peu de mal comme n'étant pas nuisible, et il ne l'évite pas.

(Confucius)

101

Trop grande vitalité qui ne trouve à s'exprimer : l'homme de bien se fera rebelle, l'homme de peu, brigand.

(Confucius)

102

L'homme de bien est noble par nature sans avoir besoin de prendre de grands airs ; l'homme de peu prend constamment ses grands airs sans jamais passer pour grand seigneur.

(Confucius)

103

L'homme de bien ne demande rien qu'à lui-même ; l'homme de peu demande tout aux autres.

(Confucius)

LA SOTTISE

104

Peiné de voir que sa moisson ne grandissait pas, ce villageois de Soung tira les tiges avec la main, comme pour les allonger. De retour chez lui, ce nigaud dit aux personnes de la maison : « j'ai aidé la moisson à grandir ».

((Mong-Tseu)

105

On n'a jamais tant besoin de son esprit que lorsqu'on a affaire à un sot.

(Proverbe)

106

Les femmes et les sots ne pardonnent jamais.

(Proverbe)

3

DES PASSIONS
HUMAINES

Fins observateurs de la nature et des comportements humains, nous l'avons vu, les sages chinois furent sans doute les premiers à décrire aussi complètement et avec autant de précision le mécanisme des passions humaines ; toutefois sans jamais en rester à la simple théorie. Chez eux, l'observation des excès des hommes ou de leurs vices se double toujours d'avertissements tendant à mettre en relief les répercussions fâcheuses que l'on peut en attendre, tant du point de vue de l'équilibre personnel des individus que de celui de la société où ils vivent. A méditer longuement, donc.

107

Le cœur a des passions comme les arbres ont des vers.

(Proverbe)

108

Être homme est facile, être un homme est difficile.

(Proverbe)

109

Préservez-vous des désirs insatiables qui s'augmentent comme les eaux d'un torrent.

(Sie-Hoei-Iao-Tseu)

110

Prétendre contenter ses désirs par la possession, c'est compter que l'on étouffera le feu avec de la paille.

(Proverbe)

111

Prenez garde : ce que vous faites à autrui vous sera rendu.

(Mong-Tseu)

112

Celui qui vit au gré de ses désirs, devient de jour en jour plus faible.

(Proverbe)

HUO

ÉGAREMENT, PASSION
(cœur, en bas, indéterminé, au-dessus)

113

Lorsqu'on tombe, ce n'est pas le pied qui a tort.

(Proverbe)

114

Qui cache ses fautes, en veut encore faire.

(Proverbe)

115

Qui a le nez rouge, serait-il sobre, passe pour un ivrogne.

(Proverbe)

116

Lorsque le ciel envoie des malheurs, on peut s'en garantir ; mais nul ne s'aurait échapper aux maux qu'il s'attire lui-même.

(Proverbe)

117

Ainsi vont les gens, poussés par leurs occupations ils vont leur chemin comme l'année dont les saisons se suivent et ne cherchent pas à se modifier ; ils fouettent leur corps et leur nature pour assouvir leurs ambitions et ne se retrouvent jamais plus jusqu'à la fin de leur vie. Quel dommage !

(Tchouang-Tseu)

118

Savoir où est le bien et s'en détourner, il n'y a pire lâcheté.

(Confucius)

119

Qui contemple les eaux boueuses, manque les eaux claires.

(Tchouang-Tseu)

120

Le cœur est un étang ; quand rien ne l'agite, la vase reste au fond.

(Siun-Tseu)

121

L'eau d'une source de montagne perd de sa limpidité dès qu'elle devient vagabonde.

(Proverbe)

122

Ce qui est venu dans l'obscurité, s'en va par les ténèbres.

(Proverbe)

123

Un morceau de viande corrompue suffit à gâcher le bouillon de toute une marmite.

(Proverbe)

124

Qui veut se corriger de l'ivrognerie, qu'il considère un homme ivre.

(Proverbe)

125

L'ivresse ne fait pas le vice ; elle le montre.

(Proverbe)

L'AMBITION

126

Pour un cheval qui n'avance pas, cent chevaux trépignent.

(Proverbe)

127

La vision trop subtile use les yeux de l'homme ; l'ouïe trop fine use les oreilles de l'homme ; l'ambition démesurée use l'esprit de l'homme.

(Tchouang-Tseu)

128

D'un seul mouton, on n'obtient qu'une peau.

(Proverbe)

129

Qui ouvre son cœur à l'ambition la ferme au repos.

(Proverbe)

130

Tu ne peux manger ton gâteau et vouloir qu'il en reste.

(Proverbe)

131

D'un os sec, on ne peut faire sortir de la graisse.

(Proverbe)

132

Insensé est celui qui croit que son ascension n'aura jamais de fin.

(Proverbe)

133

Le dragon qui s'élève très haut, tombera de très haut.

(Proverbe)

134

Celui qui est à terre ne tombera pas plus bas.

(Proverbe)

135

Celui qui met son courage à oser, trouvera la mort.

(Lao-Tseu)

136

Les excès tuent plus sûrement que les épées.

(Proverbe)

惡

WU

MÉCHANT
MALINTENTIONNÉ

(en bas, le cœur + tordu, au-dessus)

137

Vertu minime et situation éminente ; petit savoir et grande ambition ; peu de force et grave responsabilité : il est rare qu'il n'en soit pas ainsi.

(Confucius)

138

Quand on veut tailler le bois à la place du charpentier, il est rare qu'on ne se blesse pas la main.

(Lao-Tseu)

139

Qui veut gagner un chat, perdra souvent un bœuf.

(Proverbe)

140

On entend partout que des voix tumultueuses qui se disputent les rangs et les dignités.

(Le Tsin-Chou)

L'AVIDITÉ

141

Insensé, celui qui veut puiser toute l'eau de la mer avec une cuillère.

(Proverbe)

142

Le poisson ne voit pas l'hameçon, il ne voit que l'appât ; l'homme ne voit pas le péril, il ne voit que le profit.

(Proverbe mandchou)

143

Une nature insatiable est comme un ver dans l'économie du monde.

(Lie-Tseu)

144

Quand la taupe boit au fleuve, elle ne prend que ce qu'il lui faut.

(Tchouang-Tseu)

145

Lorsque le loup a ouvert la porte, le chien lui aussi entrera.

(Proverbe)

L'ENVIE - LA CONVOITISE

146

L'envie, c'est comme un grain de sable dans l'œil.

(Proverbe)

147

Ce qui est acquis par des voies injustes, on le perdra par des voies injustes.

(Confucius)

148

En ne lui montrant pas ce qu'il peut convoiter, on obtient que le cœur du peuple reste en paix.

(Lao-Tseu)

149

Celui qui a du dégoût pour la nourriture ne prend pas d'embonpoint.

(Kouan-Tchoung)

害

HAI

JALOUSER, ENVIER
FAIRE DU TORT

*(Dans le secret d'une maison, en haut,
parler contre quelqu'un [en bas])*

LA MÉDISANCE

150

Il se cache dans la langue un dragon qui ne répand pas de sang, mais qui pourtant assassine.

(Proverbe)

151

Les trois pointes : *la pointe d'un pinceau, la pointe d'une arme, la pointe de la langue.*

(Han-Iû)

152

Le tranchant aigu d'une lame fait une vive blessure ; les mauvaises paroles causent une blessure plus difficile encore à cicatriser.

(Proverbe)

153

Tel s'endort médisant, qui s'éveille calomnié.

(Proverbe)

154

Mieux vaut voir qu'écouter ; par les yeux, on arrive au vrai, par les oreilles, on arrive au faux.

(Proverbe)

私

SI

MALHONNÊTE
PARTIAL, ÉGOÏSTE

*(à gauche, céréales
conservées pour soi-même, à droite)*

155

Une bonne parole n'est pas facile à dire ; une mauvaise échappe aisément. Une fois lachée, elle part au triple galop et ne revient que difficilement.

(Proverbe)

156

Je hais les méchantes langues qui bouleversent les royaumes ou les familles.

(Confucius)

157

Les mauvaises langues seraient capables de faire fondre les métaux et de réduire en poudre les os.

(You-ho)

158

Plus il y a de monde réuni, plus il y a de médisances.

(Proverbe)

159

Du matin au soir, on dit des médisances ; si personne ne les écoutait, plus personne n'en dirait.

(Proverbe)

160

La boue cache un rubis mais ne le tache pas.

(Proverbe)

LA FLATTERIE

161

Qui aime à louer les gens en face, aime aussi à les dénigrer par derrière.

(Tchouang-Tseu)

162

Qui médit de moi en secret, me craint ; qui me loue en face, me méprise.

(Proverbe)

163

Le flatteur se fatigue plus que le laboureur.

(Mong-Tseu)

164

L'approbation de mille flatteurs ne vaut pas une parole sincère d'un honnête homme.

(Cheu-Ki)

165

A serviteur flatteur, prince orgueilleux.

(Proverbe)

166

En se courbant d'un pied, on se relève de huit pieds Mais se courber de huit pieds pour se relever d'un pied, ce n'est vraiment pas raisonnable. — (...donner beaucoup pour obtenir peu.)

(Mong-Tseu)

L'HYPOCRISIE - LA DISSIMULATION

167

Allure débonnaire et belles paroles sont rarement signe de sincérité.

(Confucius)

168

Prenez garde à celui qui se couvre du manteau de la vertu et qui, par ce moyen, trompe et trouble l'univers.

(Tchouang-Tseu)

169

Prends garde à celui qui a revêtu la peau de l'agneau ; dessous bat toujours le cœur du loup.

(Proverbe)

170

Jamais un homme n'a pu redresser les autres en se courbant lui-même.

(Mong-Tseu)

171

Les paroles sincères manquent souvent d'élégance ; les paroles élégantes sont rarement sincères.

(Lao-Tseu)

YU

**USURPER
TIRER INDÛMENT PROFIT**

(*tirer un poisson, à droite ; de l'eau, à gauche*)

172

Paraître d'accord avec autrui, et en même temps le dénigrer, ah ! c'est là le plus grand mal !

(Cheu-King)

173

Que n'ai-je un ministre de droiture parfaite ; quand même il n'aurait d'autre habileté qu'un cœur simple et sans passions, il serait comme s'il avait les plus grands talents.

(Chou-King)

174

Ceux qui font les plus beaux discours sur la vertu ne sont pas toujours les plus vertueux.

(Corfucius)

175

Il prend les serpents avec les mains des autres.

(Proverbe)

LE MENSONGE

176

Or n'accuse jamais sans quelque peu mentir.

(Proverbe)

177

L'homme de peu colore toujours de belles apparences les fautes qu'il a commises.

(Confucius)

178

Donner pour vraie une chose que l'on croit fausse, serait-elle vraie, c'est blesser la vérité.

(Proverbe)

179

A bon vin, paroles sincères.

(Proverbe)

LA COLÈRE - LA VIOLENCE

180

La colère, hélas ! Combien elle change une figure avenante ! Combien elle détruit l'amabilité de la beauté !

(Fo-Sho-Hing-Tsan-King)

181

Qui se venge d'un petit affront, cherche à en recevoir de plus grands.

(Proverbe)

182

Une année de querelle : dix ans de rancune.

(Proverbe)

183

Si à la maison tu ne frappes personne, lorsque tu sortiras, personne ne te frappera.

(Proverbe)

184

Après une grande haine, il restera toujours une petite haine.

(Proverbe)

185

Je *l'enseigne après d'autres : au violent, mort violente.*

(Lao-Tseu)

186

Plus *fort est celui qui sait cacher sa force, que celui qui sait l'exercer.*

(Lie-Tseu)

187

Quoique *le tigre ne mange plus d'hommes, il a précédemment gâté sa réputation.*

(Proverbe)

188

Quand *la lune est pleine, elle commence à décroître ; quand les eaux sont hautes, elles débordent.*

(Proverbe)

189

Si *vous levez la main sur votre adversaire, vous êtes de trois dixièmes au-dessous de lui.*

(Proverbe)

L'ORGUEIL - L'ARROGANCE

190

Ce n'est pas briller que de s'approuver soi-même.

(Lao-Tseu)

191

Quand le poil est râclé, une peau de tigre ou de léopard ne se distingue plus d'une peau de chien.

(Confucius)

192

Cœur gâté, paroles puantes.

(Proverbe)

193

Un sot ne s'admire jamais tant que lorsqu'il a commis quelque sottise.

(Proverbe)

194

Celui qui se complet et se repose en sa vertu, perd sa vertu. Celui qui se glorifie orgueilleusement de ses talents, les rend inutiles.

(Chou-King)

WO

ÉGOÏSTE
(*Deux hallebardes en opposition*)

195

Celui qui dissimule sa faiblesse sous un air arrogant, il est comme un voleur entrant chez autrui par effraction.

(Confucius)

196

Agneau en peau de tigre, craint encore le loup.

(Proverbe)

197

Les beaux parleurs se font souvent plus d'ennemis que d'amis.

(Confucius)

198

Celui qui se vante trop haut de ses succès, aiguise déjà l'instrument de sa perte.

(Proverbe)

199

Un chien n'est pas un bon chien parce qu'il aboie beaucoup.

(Tchouang-Tseu)

200

L'amour-propre et le vent soulèvent des orages.

(Proverbe)

201

Qui cède le pavé s'élargit le chemin.

(Proverbe)

202

Lorsque le vase est trop plein, il se renverse.

((You-Ho)

203

Celui qui est orgueilleux, les qualités qu'il peut avoir par ailleurs ne valent plus la peine qu'on y prête attention.

(Confucius)

204

L'homme de peu colore toujours de belle apparence les fautes qu'il a commises.

(Confucius)

L'ÉGOÏSME

205

C'est s'aimer bien peu que de haïr quelqu'un ; mais c'est haïr tout le monde que de n'aimer que soi.

(Proverbe)

206

Qui a fermé sa porte est au fond des déserts.

(Proverbe)

207

Croire à la pitié d'autrui est aussi fou que de compter sur la flamme d'une bougie dans le vent.

(Proverbe)

LA CURIOSITÉ - L'INDISCRÉTION

208
Les murs ont des fentes ; les cloisons des oreilles.
(Proverbe)

209
On ne soulève pas des immondices sans rester longtemps imprégné de leur odeur fétide.
(Proverbe)

4

DE L'ARGENT

Dans une Chine hiérarchisée à l'extrême où les marchands occupaient le rang inférieur, bien au-dessous de la classe paysanne et de celle des « lettrés » à plus forte raison, on ne doit pas s'étonner du jugement négatif que portaient les sages chinois sur l'argent, le commerce ou les affaires. La puissance que donne l'argent ne leur échappe pas, certes, ni le confort matériel qu'il procure. Mais quiconque succombera sans réserve à son attrait et ne résistera pas à l'orgueilleux besoin d'en faire visiblement étalage n'en tirera finalement aucun réel « bénéfice », s'il ne se trouve plus malheureusement encore entraîné malgré lui dans une spirale sans fin qui le conduira à perdre le contrôle de sa propre destinée. Les sages taoïstes allaient d'ailleurs plus loin en ce sens, qui suspectaient l'argent, ses pompes et ses œuvres, d'être à l'origine de la plupart des maux dont souffre « l'univers ».

En somme, pour vivre heureux, nous disent en substance les sages chinois, restons cachés si nous sommes déjà fortunés ; sinon, choisissons plutôt !a voie de la sagesse et restons, en ce domaine comme en bien d'autres, dans le « juste milieu ». Pour notre plus grand profit, en définitive.

DE L'ARGENT

210

Qui voudrait se lever le matin s'il n'était poussé par l'espoir d'un gain ?

(Proverbe)

211

Le gain s'opère avec la lenteur de celui qui remue la terre avec une aiguille ; la dépense va vite comme l'eau qui coule dans le sable.

(Proverbe)

212

Si la fortune tourne mal, l'or devient du fer ; si elle tourne bien, le fer devient de l'or.

(Proverbe)

213

Celui qui change de couleur en voyant de l'or, changerait de geste s'il n'était pas vu.

(Proverbe)

214

Même l'aveugle peut voir l'argent.

(Proverbe)

BEI

ARGENT
(représentation d'un coquillage servant de monnaie)

215

Les mandarins en face de l'argent sont comme des sangsues à la vue du sang.

(Proverbe)

216

Les plaisirs étaient bon marché avant que l'or fut cher.

(Proverbe)

217

Le sage ne s'affuble pas d'un sabre d'or.

(You-Ho)

218

L'or n'appartient pas à l'avare ; c'est l'avare qui appartient à son or.

(Proverbe)

219

La boue se durcit au feu, l'or s'y amollit.

(Proverbe)

220

Qui veut être riche ne sera pas bon ; qui veut être bon ne sera pas riche.

((Mong-Tseu)

LA RICHESSE ET LA PAUVRETÉ

221

Sous un bon gouvernement, la pauvreté est une honte ; sous un mauvais gouvernement, la richesse est aussi une honte.

(Confucius)

222

Lorsque les palais sont très brillants, les greniers sont très vides.

(Lao-Tseu)

223

Par leur travail, les pauvres enrichissent les riches ; par leurs plaisirs, les riches appauvrissent les pauvres.

(Proverbe)

224

Ce ne sont pas les richesses qui rendent un État prospère, mais la justice.

(Confucius)

225

Les palais des grands regorgent de femmes, et les habitations des pauvres, d'enfants.

(Proverbe)

226

Vieillard fortuné ne vaut pas jeune homme pauvre

(Kao K'i)

227

Soyez riche et vos paroles sont tenues pour vraies soyez pauvre, on ne les tient pas pour vraies.

(Proverbe)

228

Mieux vaut les richesses après la pauvreté que la pauvreté après les richesses.

(Proverbe)

229

Vivre dans la pauvreté sans nul ressentiment, c'est là le difficile ; après quoi rouler sur l'or sans arrogance ne coûte rien.

(Confucius)

230

Un sot qui a fait fortune, c'est un pourceau que son lard embarrasse.

(Proverbe)

231

Le riche songe à l'année future, le pauvre au jour présent.

(Proverbe)

金

JIN

OR, PRÉCIEUX

*(en bas, pépites sortant de terre
+ toit de la mine, au-dessus)*

232

Les pauvres ont au moins cet avantage sur les riches de ne pas être dévorés par les soucis de leurs richesses.

(Proverbe)

233

Sur cent projets d'un riche, il y en a quatre vingt dix-neuf pour le devenir davantage.

(Proverbe)

234

Dans son domicile, le riche appréhende les voleurs et les mendiants ; hors de chez lui, il redoute les bandits ; il fait multiplier les tours et les passages dans sa maison, et n'ose jamais sortir seul. Quelle vie de crainte !

(Tchouang-Tseu)

235

Qui accumule en sa maison l'or et le jade n'en pourra défendre l'entrée ; qui tire orgueil de la richesse et des honneurs, tend l'échine aux calamités.

(Lao-Tseu)

236

Rien ne manque aux funérailles des riches, que des gens qui les regrettent.

(Proverbe)

MO

CUPIDE
AVIDE, VÉNAL

*(en bas, la terre noircie
par le feu du foyer, en haut)*

237

Trois ans après le partage, les héritiers sont déjà bien loin les uns des autres.

(Proverbe)

238

A grands profits, grands risques.

(Proverbe)

239

La pauvreté est comme une figure laide : elles ne se peuvent cacher.

(Proverbe)

240

Qui a beaucoup d'argent et pas d'enfant, il n'est pas riche ; qui a beaucoup d'enfants et pas d'argent, il n'est pas pauvre.

(Proverbe)

241

Les hommes meurent à cause des richesses ; les oiseaux meurent à cause de la nourriture. - (Servant d'appât dans un piège).

(Proverbe)

242

Avec de l'argent, on fait parler les morts ; sans argent, on ne peut faire taire les muets.

(Proverbe)

243

Qui ne nourrit pas le chien nourrit le voleur.

(Proverbe)

244

Qui se laisse donner n'est plus bon à prendre.

(Proverbe)

245

La fortune est pour la vie ce que la rosée est pour l'herbe.

(Proverbe)

246

Tous les faux biens produisent de vrais maux.

(Proverbe)

247

L'honnêteté est la seule monnaie qui ait cours partout.

(Proverbe)

LA RUINE

248

L'homme content de son sort ne connaît pas la ruine.

(Lao-Tseu)

249

Les bijoux sont la dernière chose qu'on achète et la première qu'on vend.

(Proverbe)

250

Quand l'homme est au fond du puits, on lui jette des pierres.

(Proverbe)

DU COMMERCE ET DES AFFAIRES

251

On va à la gloire par le palais ; à la fortune par le marché et à la vertu par le désert.

(Proverbe)

252

Il est aisé d'ouvrir une boutique, mais plus difficile de la tenir ouverte.

(Proverbe)

253

L'homme qui ne sait pas sourire, qu'il n'ouvre pas boutique.

(Proverbe)

254

On se trompe quelquefois en achetant ; mais celui qui vend ne se trompe jamais.

(Proverbe)

255

La marchande d'éventails s'évente avec ses mains.

(Proverbe)

256

Tout marchand de melon atteste que ses melons sont bons.

(Proverbe)

257

On trouverait plus d'honnêtes gens en prison que dans les douanes.

(Proverbe)

258

Les profits injustes sont comme la fausse monnaie ; plus on en a, plus on risque.

(Proverbe)

259

Ceux qui cultivent la même vertu s'aiment ; ceux qui pratiquent le même métier se jalousent.

(Proverbe)

260

Quand les requins se battent entre eux, les écrevisses ont le dos brisé.

(Proverbe coréen)

261

Des brigands attaquant d'autres brigands ne firent jamais de bonnes affaires.

(Proverbe)

MAI

ACHETER

(Recouvrir de coquillages, servant de monnaie)

262

Il n'est pas métal si dur que le feu n'amollisse, ni affaire si mauvaise que l'argent n'accommode.

(Proverbe)

263

C'est parce que les hommes n'ont pas le cœur juste qu'on a inventé la balance et le boisseau.

(Proverbe)

264

L'encre la plus pâle vaut mieux que la meilleure mémoire.

(Proverbe)

265

L'eau qui court abonde en poissons.

(Proverbe)

266

Qui emprunte pour bâtir, bâtit pour vendre.

(Proverbe)

267

Pour emprunter facilement, il faut facilement rendre ; après quoi, il n'est pas difficile d'emprunter encore.

(Proverbe)

268

La honte passe, les dettes restent.

(Proverbe)

269

L'emprunteur se tient debout et le prêteur se tiendra à genoux.

(Proverbe)

LES HONNEURS ET LA CÉLÉBRITÉ

270

Il est des poètes, des peintres et des musiciens comme des champignons : pour un de bon, dix mille de mauvais.

(Proverbe)

271

Soyez dans la pauvreté depuis dix ans, aucun homme ne pense à vous ; qu'un homme soit élevé aux honneurs, tout l'univers le sait immédiatement.

(Proverbe)

272

Qui est sans vergogne, sera riche ; qui capte la confiance se fera un nom.

(Tchouang-Tseu)

273

Le sage redoute la célébrité comme l'ignominie.

(Lao-Tseu)

274

Si une chanson donne la renommée dans un pays, c'est que la vertu n'en donne guère.

(Proverbe)

GUANG

GLOIRE
SPLENDEUR, BRILLANT

(*en bas, homme tenant un flambeau, en haut*)

275

Fais attention à celui que la foule réprouve ; fais attention à celui que la foule approuve.

(Proverbe mandchou)

276

Un chien n'est pas un bon chien parce qu'il aboie bien ; un homme n'est pas un sage parce qu'il parle bien. Il ne suffit pas de s'efforcer pour être grand et encore moins pour être vertueux.

(Tchouang-Tseu)

277

Une trompette serait-elle d'argent, ne l'emporte pas sur dix cors de chasse.

(Proverbe chinois)

278

La singularité (le snobisme) n'est un mérite que pour ceux qui n'en ont pas d'autre.

(Proverbe)

279

La vaine gloire a des fleurs et n'a point de fruits.

(Proverbe)

280

Les marbres et les Grands sont froids, durs et polis.

(Proverbe)

281

Richesses et honneurs injustement obtenus ne sont pas plus solides que le nuage flottant qui passe.

(Confucius)

5

DE L'AMOUR

Sans doute est-ce là le point faible de la sagesse chinoise, que de rester à peu près muette sur la condition féminine dans la société chinoise. Pour les sages chinois, l'affaire semble depuis longtemps entendue et ne mérite pas qu'on y revienne : la femme est essentiellement épouse et mère, elle a donc son rôle à jouer dans la société, mais seulement dans la mesure où elle restera à la place que lui a assignée la nature. En revanche, cette image de la femme que certains peuvent juger choquante de nos jours, ne s'accompagne, chez les Chinois, d'aucune connotation négative ou péjorative. Pourvu que la femme se tienne à sa place, celle-ci sera profondément respectée, voire même objet d'une véritable vénération.

D'ailleurs, les critiques acerbes dont les femmes sont parfois la cible, en Chine comme ailleurs, par le biais de quelque proverbe vengeur, relèvent bien moins de l'analyse objective ou de la méchanceté pure que d'un réflexe de défense commun à tous les hommes, sous toutes les latitudes : l'attaque représente pour ceux-ci la meilleure défense à opposer à cette autre moitié d'eux-mêmes qui depuis toujours leur échappe, à cette « différence » dont ils ne comprendront jamais complètement les arcanes, qui les perturbe en définitive bien plus qu'ils n'osent généralement l'avouer.

Bien qu'elle soit par bonheur entrecoupée de longues et tendres armistices, la « guerre des sexes » n'est donc pas près de s'éteindre, en Chine comme ailleurs. .

DE L'AMOUR

282

Le fond du cœur est plus loin que le bout du monde.

(Proverbe)

283

L'esprit a beau faire plus de chemin que le cœur, il ne va jamais aussi loin.

(Proverbe)

284

Quand un homme est fou d'une femme, il n'y a qu'elle qui puisse le guérir de sa folie.

(Proverbe)

285

Je n'ai encore vu personne qui aimât autant la vertu que l'on aime la beauté du corps.

(Confucius)

286

Les cœurs les plus proches ne sont pas ceux qui se touchent.

(Proverbe)

CHUN

PRINTEMPS
VITALITÉ, DÉSIR AMOUREUX

*(en bas, le soleil se levant
derrière un mûrier, en haut)*

287

Comme la cause et l'effet sont liés étroitement, ainsi deux cœurs aimants vivent unis ; telle est la puissance de l'amour, de ne faire qu'un.

(Fo-Pen-Hing-Tsih-King)

288

Les yeux échangent leur regard, et deux êtres existent.

(Proverbe)

289

Quand le cœur a parlé, l'esprit n'est plus qu'un sot.

(Proverbe)

290

Tel est le destin des cœurs qui s'attirent et qui s'accordent : chacun influe sur les tendances de l'autre. Tantôt on rit, tantôt on pleure.

(Le Yi-King)

291

Qui aime n'aura jamais peur des cheveux blancs.

(Kouo Yu)

292

Si le cœur désire, la salive vient à la bouche ; si le cœur est triste, les larmes viennent aux yeux.

(Proverbe)

293

L'amour est tout yeux, et n'en a pas un de bon.

(Proverbe)

294

Les paroles qui résultent des cœurs unis sont odorantes comme des parfums.

(Confucius)

295

Quiconque aime une grenouille en fait une déesse.

(Proverbe)

296

Plus le cœur grossit, moins les paroles sont utiles.

(Proverbe)

297

Quand la gomme une fois s'est unie à la laque, qui donc viendrait à bout de jamais l'en distraire ?

(Poème anonyme des Han)

298

Qui connaît son cœur se méfie de ses yeux.

(Proverbe)

299

Une parole venue du cœur tient chaud pendant trois hivers.

(Proverbe)

300

Quand le ciel veut sauver un homme, il lui envoie l'amour.

(Lao-Tseu)

301

L'eau ne reste pas sur les montagnes, ni la vengeance sur un cœur noble.

(Proverbe)

302

Il n'aura pas une vie joyeuse, celui qui ne garantit pas les plaisirs de son corps.

(Lie-Tseu)

303

Si dans mon cœur je l'aime, pourquoi ne lui dirais-je pas ? Si avec mon corps je le désire, pourquoi ne lui dirais-je pas ?

(Le Shih-Ching)

304

La belle pivoine ne sert qu'à recréer la vue ; la fleur de jujubier, quoique moins agréable à voir, donne un bon fruit.

(Proverbe)

305

Le vice empoisonne l'amour, la tendresse le double.

(Proverbe)

306

A *cœurs charmés, difficile séparation.*

(Proverbe)

DE LA FEMME

307

La femme, c'est extraordinaire ; quand on ne l'a pas, on la désire ; quand on l'a, on en souffre.

(Proverbe)

308

Les princes et les belles femmes, moins ils parlent, plus ils disent.

(Proverbe)

309

Quand les hommes sont ensemble, ils s'écoutent ; les femmes et les filles se regardent.

(Proverbe)

310

La langue des femmes est leur épée ; elle ne la laisse jamais rouiller.

(Proverbe)

311

Un âne qui n'a rien à faire, ronge son piquet ; une femme qui n'a rien à faire, joue de la langue.

(Proverbe)

312

L'esprit des femmes est de vif argent, et leur cœur est de cire.

(Proverbe)

313

Sur dix femmes, la jalousie en dévore neuf.

(Proverbe)

314

Ruiner les États ou prendre des places fortes : tel est le pouvoir des charmes d'une femme.

(Proverbe)

315

Les trois dizièmes de la beauté féminine sont dus à la nature ; les sept dizièmes, à la parure.

(Proverbe)

316

Une femme ne ment jamais plus finement que lorsqu'elle dit la vérité à celui qui ne la croit pas.

(Proverbe)

317

Lorsque la chance nous sourit, nous rencontrons des amis ; lorsqu'elle est contre nous, une jolie femme.

(Proverbe)

318

La grâce et la beauté sont bien peu de choses lorsqu'elles ne sont qu'extérieures.

(Le Yi-King)

319

Une épouse ne sera jamais aussi désirable qu'une concubine ; une concubine jamais aussi excitante qu'un amour défendu ; un amour défendu, jamais aussi affolant que la Femme Inaccessible.

(Proverbe)

LA GUERRE DES SEXES

(L'ENFER DE LA « SAGESSE » CHINOISE)

320

La gueule du serpent vert, le dard de la guêpe, ne lancent pas un vrai poison ; celui-ci se trouve dans le cœur de la femme.

(Proverbe)

321

Les cheveux de la femme sont plus longs que sa perspicacité.

(Proverbe)

322

L'homme savant bâtit des cités ; la femme savante les renverse.

(Proverbe)

323

Lorsque naît un fils, le père prie pour qu'il ait le courage du lion, tout en redoutant qu'il ressemble à une souris ; quand c'est une fille, il lui souhaite d'être une souris, non sans redouter qu'elle se transforme en tigresse.

(Nu-Chien)

324

Mari et femme dorment toujours ensemble ; et pourtant, dans leurs poitrines, il y a deux cœurs.

(Proverbe)

325

La vertu est vertu pour un homme ; le manque de vertu est vertu pour une femme.

(Proverbe)

326

La vertu de la femme n'est pas profonde, mais sa colère est sans fin.

(Proverbe)

327

La femme la mieux louée est celle dont on ne parle pas.

(Proverbe)

328

Lorsqu'une femme te parle, souris-lui et ne l'écoute pas.

(Le Li-Ki)

329

Il y a sur terre trois poisons mortels : le vent qui filtre par un trou, la queue du scorpion et le cœur d'une marâtre.

(Proverbe)

DU MARIAGE

330

Se rencontrer et s'unir, rien de plus facile ; demeurer ensemble et vivre en paix, voilà le difficile.

(Proverbe)

331

Mieux vaut attendre longtemps pour s'unir que mal s'unir.

(Le Yi-King)

332

Quand on achète une maison, on regarde les poutres ; quand on prend une femme, il faut regarder la mère.

(Proverbe)

333

Ne va pas à la chasse sans ton arc, à l'office sans tes textes sacrés, ni au mariage sans ta chance.

(Proverbe)

334

Les plus jolis oiseaux sont en cage.

(Proverbe)

335

Le mariage est comme une place assiégée : ceux qui sont dehors veulent y entrer, et ceux qui sont dedans veulent en sortir.

(Proverbe)

336

Un bon chef de famille, c'est celui qui se montre un peu sourd.

(Proverbe)

337

Un mari insensé redoute sa femme ; une femme prudente respecte son mari.

(Proverbe)

338

Plus une femme aime son mari, plus elle le corrige de ses défauts ; plus un mari aime sa femme, plus il augmente ses travers.

(Proverbe)

339

Entre époux, pas de querelle qui résiste à la nuit.

(Proverbe)

340

Enseigne ton fils dans la salle de séjour, et ta femme sur l'oreiller.

(Proverbe)

XING

NATURE, VIE
INSTINCT SEXUEL

*(à gauche, le cœur + petite pousse
surgissant du sol, à droite)*

341

A *femme hargneuse, mari brutal.*

(Proverbe)

342

L*oin de sa maison, un homme est estimé sur ses apparences ; à la maison, on l'estime ce qu'il est.*

(Proverbe)

343

C*hasteté ne vaut pas mieux que luxure.*

(Lie-Tseu)

344

L*orsqu'une épouse transgresse les règles, il faut d'abord s'adresser au mari.*

(Proverbe)

345

L*a femme infidèle a des remords ; la femme fidèle a des regrets.*

(Proverbe)

346

I*l est difficile de recueillir l'eau qui a été une fois répandue.* - (...de pardonner à l'infidèle).

(You-ho)

347

Les pleurs poussent sur les veuves et les poux sur les veufs.

(Proverbe)

348

Dans la principauté de Lou vivait un homme très oublieux qui, déménageant ses meubles, oublia d'emmener sa femme !

(Kia-Yu)
(Récits de la famille de Confucius.)

6

L'ÉTUDE
ET LA CONNAISSANCE

L'étude, le perfectionnement des facultés propres à chaque individu, l'enseignement des vertus qui font l'homme de bien (« *Être homme est facile, être un homme est difficile* », dit un proverbe), sont des thèmes fréquents chez les sages chinois.

Toutefois, le sage se méfie d'un enseignement trop théorique et se défie des spéculations intellectuelles gratuites et improductives — les taoïstes iront jusqu'à leur attribuer tous les maux qui troublent et bouleversent « l'univers » —, et penche donc plutôt en faveur d'un « apprentissage de la vie » au contact des réalités.

Apprendre à se connaître soi-même et à connaître autrui, se mettre à l'écoute du monde, s'ouvrir à celui-ci sans pour autant en méconnaître les dangers, voilà les conditions d'un épanouissement complet de l'individu, les fondements d'une existence « éclairée » qui mérite d'être vécue.

DES ENFANTS
ET DE LEUR ÉDUCATION

349

Si *tu aimes ton fils, corrige-le ; si tu ne l'aimes pas, donne-lui des sucreries.*

(Proverbe)

350

L'*argent est une richesse morte ; les enfants, une richesse vivante.*

(Proverbe)

351

Qui *a beaucoup d'argent et pas d'enfants, il n'est pas riche ; qui a beaucoup d'enfants et pas d'argent, il n'est pas pauvre.*

(Proverbe)

352

Les *jeunes doivent nous inspirer le respect. Comment savons-nous que leur avenir ne vaudra pas notre présent ?*

(Confucius)

353

Si vos enfants sont méchants, ils ne méritent pas d'hériter ; s'ils sont bons et travailleurs, ils n'en ont pas besoin.

(Proverbe)

354

Petite correction vaut mieux que grand avertissement.

(Le Yi-King)

355

Même casserait-elle une baguette pour châtier son fils, une bonne mère lui conserve toujours son affection.

(Yang-Tseu)

356

Faire naître des fleurs sur des herbes sèches : il ne faut pas hésiter à aller chercher plus bas que soi, plus faible, plus jeune que soi ; car c'est de là que vient toujours le renouveau.

(Le Yi-King)

357

Il est des jeunes pousses destinées à ne jamais fleurir ; il en est d'autres qui fleurissent mais ne portent jamais de fruits.

(Confucius)

358

Un fils qui fait verser des larmes à sa mère peut seul les essuyer.

(Proverbe)

DE L'ÉTUDE

359

L'étude est une épouse aussi belle que le jade.

(Proverbe)

360

Celui qui aime à apprendre est bien près de savoir.

(Confucius)

361

Plus on étudie, plus on voit que l'on ignore beaucoup de choses.

(Proverbe)

362

Le menuisier et le charron peuvent donner à un homme le compas et l'équerre ; ils ne peuvent lui donner l'habileté.

(Mong-Tseu)

363

Les choses qu'il étudie, quand même il n'arriverait pas à les savoir, il ne cesse de les étudier.

(Confucius)

XIANG

PENSER
RÉFLÉCHIR, MÉDITER

(en haut, observer, avec le cœur, en bas)

364

On étudie sous un seul professeur ; on se sert de ses connaissances devant des milliers d'hommes.

(Proverbe)

365

L'enseignement qui n'entre que dans les yeux et les oreilles ressemble à un repas pris en rêve.

(Proverbe)

366

Pour être enseignable, il faut croire qu'on ne sait pas tout.

(Lie-Tseu)

367

On n'apporte jamais trop d'attention à l'étude ; un seul mot peut valoir dix mille livres d'or.

(Proverbe)

368

Passez trois jours sans étude, vos paroles n'auront plus de saveur.

(Proverbe)

369

Les récompenses prématurées rendent l'esprit paresseux.

(Proverbe)

370

S'il ne veut pas poser les fondements, encore moins voudra-t-il construire.

(Proverbe)

371

La récolte de toute l'année dépend du printemps où se font les semailles.

(Proverbe)

DE LA CONNAISSANCE

372

L'*ignorance est la nuit de l'esprit, et cette nuit n'a ni lune ni étoiles.*

(Proverbe)

373

L*a connaissance est le début de l'action ; l'action, l'accomplissement de la connaissance.*

(Wang-Yang-Ming)

374

É*couter et choisir entre les avis, voilà le premier pas de la connaissance ; voir et réfléchir sur ce qu'on a vu, voilà le second pas de la connaissance.*

(Confucius)

375

E*n causant durant une nuit avec un sage on profite plus qu'en étudiant durant dix ans.*

(Proverbe)

376

L*e travail de la pensée ressemble au forage d'un puits ; l'eau est trouble d'abord, puis elle se clarifie.*

(Proverbe)

377

Ne pas écouter par les oreilles, ni par le cœur, mais seulement par l'esprit.

(Tchouang-Tseu)

378

Qui reconnaît son ignorance n'est pas vraiment ignorant ; qui reconnaît son égarement, n'est pas vraiment égaré.

(Tchouang-Tseu)

LA CONNAISSANCE DE SOI

379

Connaître autrui n'est que science ; se connaître, c'est intelligence.

(Lao-Tseu)

380

Ce n'est qu'avec les yeux des autres que l'on peut bien voir ses défauts.

(Proverbe)

381

Ne prenez pas pour miroir le cristal des eaux, prenez les hommes.

(Le Chou-King)

382

Savoir ce qu'on a reçu du ciel, et ce qu'on doit y ajouter de soi, voilà l'apogée.

(Tchouang-Tseu)

383

Chacun s'efforce d'apprendre ce qu'il ne connaît pas, mais il ne cherche pas à approfondir ce qu'il connaît déjà. Chacun critique chez les autres ce qui le dépasse, mais se garde de juger le peu dont il est capable. C'est de là que vient le grand désordre.

(Tchouang-Tseu)

JIAN

CONNAÎTRE, COMPRENDRE
(*en bas, homme + œil, au-dessus*)

LA CONNAISSANCE D'AUTRUI

384

Pour connaître un homme, voyez les moyens qu'il emploie, observez ce qu'il recherche, examinez ce en quoi il met son bonheur.

(Confucius)

385

Observez attentivement la conduite des gens, vous prévoirez leur avenir, leur malheur ou leur bonheur.

(Lie-Tseu)

386

Se connaître, c'est connaître les autres ; ainsi peut-on prendre son cœur pour mesurer celui des autres.

(Proverbe)

387

Lorsqu'on connaît quelqu'un, on connaît son visage ; on ne connaît pas son cœur.

(Proverbe)

388

Mieux vaut voir qu'écouter. Par les yeux on arrive au vrai ; par les oreilles on arrive au faux.

(Proverbe)

389

L'âme n'a pas de secret que la conduite ne révèle.

(Proverbe)

L'APPRENTISSAGE DE LA VIE

390

L'échec est le fondement de la réussite.

(Lao-Tseu)

391

S'il n'aiguise d'abord ses outils l'artisan ne réussira jamais son œuvre.

(Confucius)

392

Il est plus facile de savoir comment on fait une chose que de la faire.

(Proverbe)

393

Celui qui aime à demander conseil, grandira.

(Proverbe)

394

Étudier dans la solitude des montagnes ne vaut pas de s'asseoir à la croisée des chemins et de prêter l'oreille aux paroles des hommes.

(Proverbe)

老

LAO

VÉNÉRABLE
EXPÉRIMENTÉ

(Vieillard prenant appui sur une canne)

395

Un savant qui a tout vu ne vaut pas quelqu'un qui a fait une chose de ses mains.

(Proverbe)

396

Le repentir est le printemps des vertus.

(Proverbe)

397

L'écriture s'apprend aux dépens du papier ; la médecine s'apprend aux dépens des malades.

(Proverbe)

398

Le savoir que l'on ne complète pas tous les jours, diminue tous les jours

(Proverbe)

399

Celui qui ne progresse pas chaque jour, recule chaque jour.

(Confucius)

400

Renouvelle-toi complètement chaque jour ; fais-le de nouveau, encore de nouveau et toujours de nouveau.

(Ta-Hio)

401

Ne pense pas éclairer les vastes ténèbres avec la lumière d'un ver luisant.

(Proverbe mongol)

402

Le bon maître est celui qui tout en répétant l'ancien est capable d'y trouver du nouveau.

(Confucius)

403

L'œil le plus sûr ne vaut pas une règle.

(Proverbe)

7

DE L'AMITIÉ

404

Un humble ami dans mon village vaut mieux que seize frères influents à la cour.

(Proverbe)

405

On connaît une bonne source au moment de la sécheresse et un bon ami au moment de l'adversité.

(Proverbe)

406

Ayez du thé, du vin, vos amis seront nombreux ; soyez dans l'adversité, combien vous visiteront-ils ?

(Proverbe)

407

Il y a trois sortes d'hommes avec lesquels il est utile de se lier d'amitié : les hommes droits, les hommes sincères et les hommes qui ont beaucoup appris.

(Confucius)

408

Pour que l'amitié soit parfaite, il faut faire fondre la glace et aussi éteindre les charbons trop ardents.

(You-Ho)

409

L'homme de bien est amical sans être familier ; l'homme de peu est familier sans être amical.

(Confucius)

410

Un parent éloigné ne vaut pas un bon voisin.

(Proverbe)

411

Élever de hauts murs et nourrir un bon chien de garde, ne vaut pas de se faire de bons amis partout.

(Proverbe)

412

Qui veut retenir ses bons amis, qu'il commence par éloigner les mauvais.

(Le Yi-King)

413

Mille amis, ce n'est pas trop ; un seul ennemi, c'est déjà trop.

(Proverbe)

414

Le silence est un ami qui ne trahit jamais.

(Proverbe)

DU BONHEUR

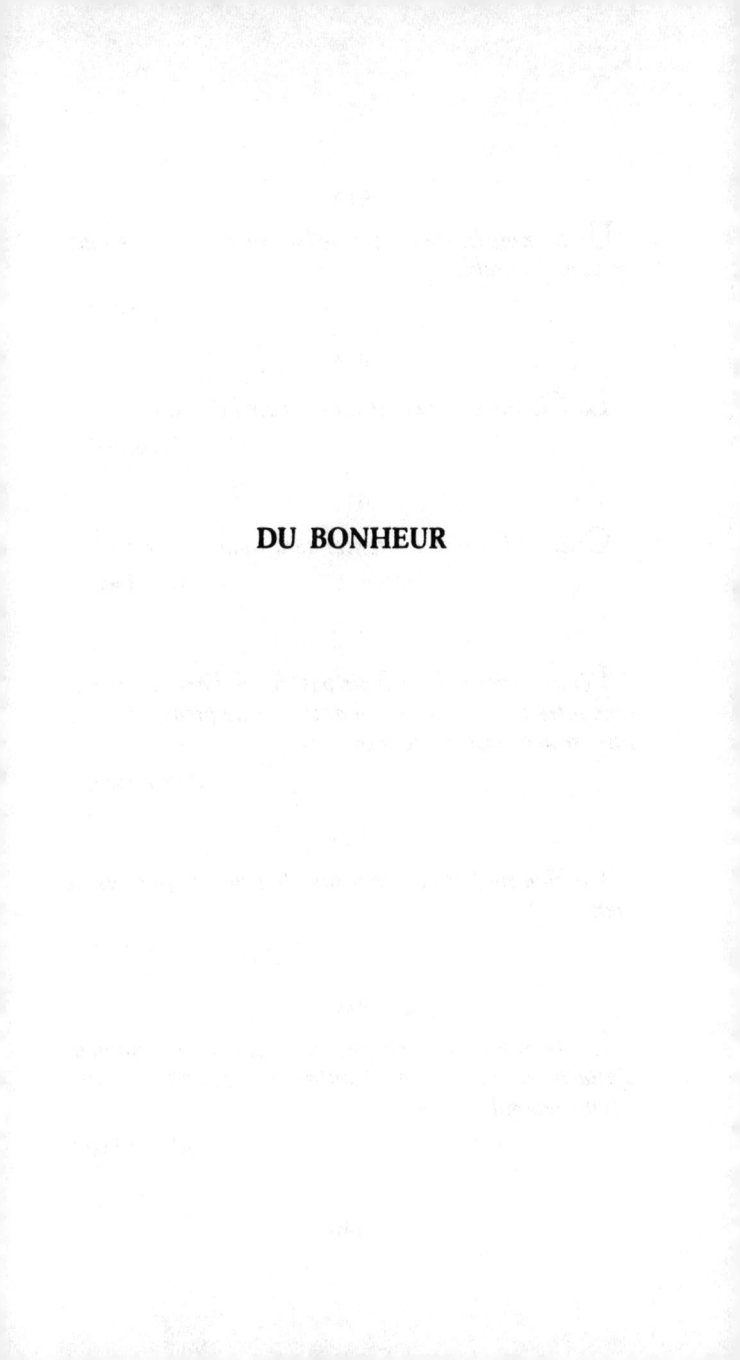

415

Un homme heureux est une barque qui navigue sous un vent favorable.

(Proverbe)

416

La joie est en tout ; il faut savoir l'extraire.

(Confucius)

417

Celui qui sait se contenter sera toujours content.

(Lao-Tseu)

418

J'étais furieux de n'avoir pas de souliers ; alors j'ai rencontré un homme qui n'avait pas de pieds, et je me suis trouvé content de mon sort.

(Mong-Tseu)

419

Le bien ne fait pas de bruit ; le bruit ne fait pas de bien.

(Proverbe)

420

Le bonheur accompagne la vertu et le malheur s'attache au vice, comme l'ombre suit le corps et comme l'écho répond à la voix.

(Chou-King)

421

Ne vaut-il pas mieux d'avoir le cœur exempt de chagrin que d'avoir tous les plaisirs des sens ?

(Han-Iú)

422

Les grands bonheurs viennent du ciel ; et les petites joies viennent des hommes.

(Proverbe)

423

Le bonheur vient de l'attention aux petites choses, et le malheur de la négligence des petites choses.

(Liou-Hiang)

424

Vous me demandez quel est le suprême bonheur ici bas ? C'est d'écouter la chanson d'une petite fille qui s'éloigne après vous avoir demandé son chemin.

(Li-Tai-Po)

425

Cœur en paix, cœur joyeux.

(Commentaires sur le Tchouen-Ts'ieou)

426

Le bonheur naît du malheur ; le malheur est caché au sein du bonheur.

(Lao-Tseu)

Une chanson, là-bas... c'est un mendiant. Puisqu'il chante, ce vieillard qui n'a jamais rien possédé, pourquoi gémis-tu, toi qui a de si beaux souvenirs ?

(Tou-Fou)

8

DES QUALITÉS
DE L'HOMME DE BIEN

Contrairement à l'idée que l'on peut s'en faire, le sage chinois n'est pas un pur esprit inaccessible au commun des mortels, et ce n'est pas non plus le prophète d'une idéale mais utopique société à venir. S'il se retire parfois dans la solitude pour méditer ou, comme on nous le décrit souvent, s'il s'en va parfois à la pêche afin de se mettre provisoirement à l'écart de l'agitation du monde, ce n'en est pas moins un citoyen comme les autres, confronté à la nécessité de subvenir à l'entretien d'une épouse et d'une famille et donc obligé d'occuper un emploi plus ou moins bien rémunéré, pas toujours honorifique, de préférence à la cour du souverain local. Poste idéal pour qui entend observer les comportements humains et répertorier les folies des hommes, encore que la place ne soit pas toujours de tout repos. Confucius en fera la triste expérience, qui devra précipitamment quitter son pays natal, le pays de Lou, chassé par un prince sans doute peu enclin à mettre en pratique les conseils de sagesse du maître.

C'est dire que les conseils et les sentences des sages chinois ne sont pas, comme souvent les pensées de nos philosophes, purement théoriques. Ce sont au contraire autant de conseils pratiques résultant de l'expérience de toute une vie, acquise « sur le terrain » comme nous dirions aujourd'hui, seulement passés au filtre d'une perspicacité particulièrement aiguë et emprunts d'un bon sens qui défie le temps.

428

L'eau courante ne se corrompt jamais.

(Proverbe)

429

Les réflexions qui descendent dans le cœur mènent plus loin que celles qui vont au bout du monde.

(Proverbe)

430

On ne peut marcher en regardant les étoiles quand on a une pierre dans son soulier.

(Proverbe)

431

Voici un homme avec qui tu peux parler ; tu ne lui parles pas : tu perds un homme. Voilà un homme avec qui tu ne dois pas parler ; tu lui parles : tu perds une parole. Ainsi, l'homme de bien est celui qui ne perd ni un homme, ni une parole.

(Confucius)

432

Celui qui nourrit exclusivement les parties viles de son corps, est vil ; et celui qui en nourrit les parties nobles, est noble.

(Le Yi-King)

433

Le sage parle des idées, l'intelligent des faits, le vulgaire de ce qu'il mange.

(Proverbe mongol)

434

La gravité n'est que l'écorce qui enveloppe l'arbre de la sagesse, mais c'est une écorce qui conserve la fibre.

(Proverbe)

435

Faire sentir sa sagesse indispose les hommes, la faire oublier fait aimer.

(Lie-Tseu)

436

Les sages, plus ils sont purs, plus on les écarte.

(K'iu Yuan)

437

Si le corps est droit, qu'importe que l'ombre soit tordue.

Proverbe)

438

L'homme de bien est droit et juste, mais non raide et inflexible ; il sait se plier, mais non se courber.

(Confucius)

439

Pour rechercher les jolies filles, il y a foule. Une jolie fille n'a pas besoin de sortir de chez elle pour qu'on la recherche. En revanche, pour rechercher les gens de bien, il n'y a pas foule !

(Mong-Tseu)

440

Le commerce du sage est sans saveur, et il perfectionne ; le commerce de l'homme de peu est agréable, et il corrompt.

(Confucius)

441

Commettre une faute et ne pas s'en corriger, c'est là la vraie faute.

(Confucius)

442

Celui-là est vraiment fort qui sait se vaincre lui-même.

(Seu-Ma-Ts'ien)

443

Demander à soi-même vaut mieux que demander aux autres.

(Proverbe)

ZHI

INTELLIGENCE
SAGESSE, PRUDENT

*(en bas, parler, avec sagesse,
en haut à gauche)*

444

L'*homme de bien ne dit pas ce qu'il fait, mais il ne fait rien qui ne puisse être dit.*

(Proverbe)

445

L'*archer a un point commun avec l'homme de bien : quand sa flèche n'atteint pas le centre de la cible, il en cherche la cause en lui-même.*

(Confucius)

446

L'*homme de bien se demande lui-même la cause de ses fautes ; l'homme de peu la demande aux autres.*

(Proverbe)

447

C*elui qui vise à la perfection sera au-dessus de la médiocrité ; mais celui qui vise à la médiocrité tombera plus bas encore.*

(Confucius)

448

C*e que nous manifestons (en bien comme en mal) trouve en dehors sa réponse. C'est pourquoi l'homme de bien est attentif à ce qui sort de lui.*

(Lie-Tseu)

449

Ce ne sont pas les puces des chiens qui font miauler les chats. (Ne pas faire porter à autrui la responsabilité de ses propres fautes.)

(Proverbe)

450

A présent, j'ai quelque chose à dire ; mais je ne sais pas si ce que j'ai à dire mérite réellement d'être dit ou non.

(Tchouang-Tseu)

451

Avant de parler, assure-toi que tu pourras faire ce que tu diras.

(Proverbe)

452

Pour un mot, un homme est réputé sage ; pour un mot, un homme est jugé sot.

(Confucius)

453

On apprend plus avec les oreilles qu'avec les yeux.

(Proverbe)

454

Parole dite et action accomplie ne se rattrapent plus.

(Confucius)

455

Si vous ne pouvez empêcher les oiseaux de malneur de voler au-dessus de vos têtes, au moins vous pouvez les empêcher de faire leurs nids dans vos cheveux !

(Proverbe)

456

Savoir que l'on sait ce que l'on sait, et savoir que l'on ne sait pas ce que l'on ne sait pas : voilà la véritable science.

(Confucius)

457

Si vous ne traitez pas bien ceux que vous devriez traiter le mieux, vous ne traiterez bien personne.

(Mong-Tseu)

458

Il faut être bien sage ou bien borné, pour ne jamais rien changer à ses pensées.

(Proverbe)

459

Ne prends pas l'eau pour miroir, prends plutôt ton entourage.

(Proverbe)

460

Aimer, et reconnaître les défauts de ceux que l'on aime ; haïr, et reconnaître les bonnes qualités de ceux que l'on haït, est chose bien rare sous le ciel.

(Thseng-Tseu)

461

Écoutez beaucoup afin de diminuer vos doutes ; soyez attentif à ce que vous dites afin de ne rien dire de superflu ; alors vous commettrez rarement des fautes.

(Confucius)

462

Celui qui apaise une grande querelle et ne la vide pas jusqu'au fond, c'est comme s'il n'avait rien fait de bien.

(Lao-Tseu)

463

Tout mot entraîne sa riposte ; toute vertu son paiement.

(Cheu-King)

464

On pardonne tout à qui ne se pardonne rien.

(Proverbe)

465

Celui qui a honte de n'avoir pas eu honte de faire mal, ne fera plus rien dont il doive avoir honte.

(Mong-Tseu)

466

La mauvaise herbe, il ne faut pas la couper mais la déraciner.

(Proverbe)

467

Je sais que la vérité apporte l'infortune ; je ne puis pourtant y renoncer.

(K'iu Yuan)

468

J'aime la vie et j'aime aussi la justice. Si je ne puis garder les deux à la fois, je sacrifierai ma vie et je garderai la justice.

(Mong-Tseu)

469

Le sage a beau voyager, il ne change pas de demeure.

(Proverbe)

470

Même la perle la plus brillante ne peut être exempte de tout défaut.

(Houai-Nan-Tseu)

471

Balayez la neige devant votre porte avant de vous plaindre du gel qui recouvre le toit de votre voisin.

(Proverbe)

172.

A *un miroir parfaitement net, la poussière n'adhère pas ; si elle adhère, c'est que le miroir est humide ou gras.*

(Tchouang-Tseu)

LE JUSTE MILIEU

473

Les traînards, je les pousse ; les fougueux, je les retiens.

(Confucius)

474

On ne s'égare jamais si loin que lorsqu'on croit connaître la route.

(Proverbe)

475

Mon cœur est une balance, il ne sait pas descendre et monter au gré des gens.

(Mong-Tseu)

476

La voie du juste milieu n'est pas suivie, je le sais. Les hommes intelligents vont au-delà, les ignorants restent en-deçà. Les sages veulent trop faire, et l'homme de peu pas assez. C'est ainsi que tout homme boit et mange, et peu savent juger des saveurs.

(Confucius)

HUANG

EXCÈS
DÉRÈGLEMENT

*(Dévastation par les eaux [en bas]
de la végétation [en haut])*

477

C'est un tort égal de pécher par excès ou par défaut.

(Confucius)

478

C'était un homme qui avait quelque talent, mais il ne connaissait pas le juste milieu ; il avait juste ce qu'il fallait pour s'attirer la mort.

(Mong-Tseu)

479

Il vaut mieux être le bec d'un coq que le derrière d'un bœuf.

(Proverbe)

480

Celui qui connaît sa force et garde sa faiblesse est la vallée de l'Empire.

(Lao-Tseu)

481

Si l'homme de bien n'est pas ambitieux, il échouera dans son projet. Si le projet est ambitieux, il se perdra lui-même.

(Confucius)

482

Celui qui, dans les grandes choses, ne dépasse pas les limites peut sans dommage se donner du champ dans les petites choses.

(Confucius)

483

Pas trop d'isolement ; pas trop de relations ; le juste milieu, voilà la sagesse.

(Confucius)

484

Un homme de bien apprend dix choses et en croit une ; un homme complaisant apprend une chose et en croit dix.

(Proverbe)

485

Ne faites pas ce que vous savez ne pas devoir faire ; ne désirez pas ce que vous savez ne pas devoir désirer.

(Mong-Tseu)

486

Pas de bon médiateur s'il n'est un peu menteur.

(Proverbe)

LA SINCÉRITÉ - LA LOYAUTÉ

487

La porte la mieux fermée est celle qu'on peut laisser ouverte.

(Proverbe)

488

Quand la source est pure, nombreux sont ceux qui viennent s'y abreuver spontanément.

(Le Yi-King)

489

Cent « non » font moins de mal qu'un « oui » jamais tenu.

(Proverbe)

490

Si vous employez un homme, il ne faut pas douter de lui ; si vous doutez de lui, il ne faut pas l'employer.

(Proverbe)

491

Un honnête homme maladroit est préférable à un habile malhonnête homme.

(Proverbe)

安

AN

PAIX
CALME, REPOS

(en haut, habitation + femme, en bas)

492

Contre la déloyauté, il n'est de meilleure garantie que la loyauté.

(Proverbe)

493

Comme les richesses ornent et embellissent une maison, de même les intentions pures et sincères ornent et embellissent la personne.

(Confucius)

494

Mieux vaut mécontenter par cent refus que manquer à une seule promesse.

(Proverbe)

美

MEI

BON
PERFECTION

*(homme, en bas, ayant les qualités
du mouton, en haut)*

LE CALME ET LA BIENVEILLANCE

495

Pratique la souplesse et tu deviendras ferme ; exerce-toi dans la faiblesse et tu deviendras fort.

(Lie-Tseu)

496

La langue résiste parce qu'elle est molle ; les dents cèdent parce qu'elles sont dures.

(Proverbe)

497

Dans un excellent cheval, ce n'est pas la force qu'on estime le plus, mais la douceur.

(Confucius)

498

Qui pince les cordes avec frénésie ne peut faire douce musique.

(Lou Ki)

499

L'homme de bien est sévère avec lui-même et bienveillant avec autrui.

(Confucius)

500

Cultiver les sciences et ne pas aimer les hommes, c'est allumer un flambeau et fermer les yeux.

(Proverbe)

501

On ne traite un homme avec mépris, qu'après qu'il s'est traité lui-même sans respect.

(Mong-Tseu)

502

Ainsi, toutes les fois qu'il est question de bon et de mauvais, il faut se rappeler que celui qui est mauvais a d'abord été bon.

(Mong-Tseu)

503

Souviens-toi du bienfait et jamais de l'injure.

(Proverbe)

LA BONTÉ
ET LE RESPECT D'AUTRUI

504

De même que le fleuve revient à la mer, le don de l'homme revient vers lui.

(Proverbe)

505

Si vous prenez un objet vide, que ce soit comme s'il était plein ; si vous entrez dans un lieu vide, que ce soit comme s'il y avait quelqu'un.

(Le You-Ho)

506

Lorsque pour gravir une montagne on ne peut monter son cheval, c'est un mauvais cheval. Lorsque pour descendre une montagne, on ne descend pas de cheval, c'est un mauvais homme.

(Proverbe)

507

Les nobles peuvent se vanter de leur noblesse ; je les considère tous comme poussière. Les pauvres gens ont beau se mépriser eux-mêmes : je les estime autant que mille livres d'or.

(Tso-Tseu)

HAO

BON, AIMER

*(Femme, à gauche
+ enfant, à droite)*

LA SIMPLICITÉ - LA TRANQUILLITÉ

508

Si *l'on vous écoute, soyez content ; si l'on ne vous écoute pas, soyez encore content.*

(Mong-Tseu)

509

Ne *crains pas de rester méconnu des hommes ; crains plutôt de les méconnaître toi-même.*

(Confucius)

510

La *rivière tranquille a ses rives fleuries.*

(Proverbe)

511

Si *la tranquillité de l'eau permet de refléter les choses, que ne peut la tranquillité de l'esprit ?*

(Tchouang-Tseu)

512

Lorsque *le vent ne souffle pas, l'arbre ne s'agite pas.*

(Proverbe)

513

Ne *vous affligez pas de n'être connu de personne, mais travaillez à vous rendre digne d'être connu.*

(Confucius)

514

Qui se montre tel qu'il est ne s'écarte pas de sa nature ; qui ne suit que son propre cœur, ne s'use pas.

(Tchouang-Tseu)

515

Ce n'est pas le vin qui enivre l'homme ; c'est celui-ci qui s'enivre.

(Proverbe)

516

Celui qui a plus de mérite que de réputation est vraiment louable ; celui qui a plus de réputation que de mérite a lieu de rougir.

(Confucius)

517

C'est en s'effaçant qu'on conserve le mieux ce que l'on a acquis.

(Lie-Tseu)

518

Vous ne voulez pas vous attirer des mépris ? N'ayez pas de courtisans.

(Proverbe)

519

Qui vit sobrement est aisément satisfait.

(Tchouang-Tseu)

LA PATIENCE

520

Patience ! Avec le temps, l'herbe devient du lait.

(Proverbe)

521

Un homme patient peut tenir tête à cent braves.

(Proverbe)

522

A qui sait attendre, le temps ouvre les portes.

(Proverbe)

523

Un moment d'impatience procure souvent un regret qui dure toute la vie.

(Proverbe)

524

Avec le temps et la patience, la feuille du mûrier devient satin.

(Proverbe)

LA GÉNÉROSITÉ - LA CHARITÉ

525

Plus le sage donne aux autres, plus il a pour lui-même.

(Lao-Tseu)

526

Les portes de la charité sont difficiles à ouvrir et dures à fermer.

(Proverbe)

527

Celui qui est généreux en paroles et ne passe pas aux actes, finira par perdre plus qu'il n'a promis.

(Le Li-Ki)

528

Qui attend le superflu pour donner aux pauvres ne leur donnera jamais rien.

(Proverbe)

529

C'est être bien riche que de n'avoir rien à perdre

(Proverbe)

L'ORGANISATION - LA MÉTHODE

530

Sans dessein, rien ne mène à rien.

(Le Yi-King)

531

Celui qui ne réfléchit pas avant d'agir, comment atteindra-t-il son but ?

(Proverbe)

532

Vous semez du chanvre, vous récolterez du chanvre ; vous serez des pois, vous récolterez des pois.

(Proverbe)

533

Il n'est pas dans la nature des choses que du désordre ou de la confusion sorte autre chose que du désordre ou de la confusion

(Confucius)

534

En toute chose, il faut soigner le commencement et penser d'avance à la fin.

(Proverbe)

535

Si le principal est mal réglé, l'accessoire ne peut être bien réglé.

(Confucius)

536

Quand la racine est profonde, pourquoi craindre le vent ?

(Proverbe)

537

Celui qui veut bâtir une maison s'occupe d'abord d'une solide charpente.

(Seu-Ma-Ts'ien)

538

Une petite poutre ne peut soutenir un grand poids.

(Proverbe)

539

C'est par le bien-faire que se crée le bien-être.

(Proverbe)

540

Le plus beau lendemain ne nous rend pas la veille

(Proverbe)

541

Sois le premier aux champs et le dernier au lit.

(Proverbe)

542

Quand on s'occupe à faire aboutir de grands projets, on ne s'occupe pas de menues choses.

(Lie-Tseu)

543

Il est un temps pour aller à la pêche et un temps pour faire sécher les filets.

(Proverbe)

544

Presse-toi de faire vite ce qui ne presse pas, afin de pouvoir faire lentement ce qui presse.

(Proverbe)

545

A vouloir trop bien faire, on aboutit souvent au pire.

(Proverbe)

546

Trop de cuisiniers gâtent la sauce.

(Proverbe)

547

Pour extraire une épine, servez-vous d'une épine.

(Proverbe)

器

QI

TALENT
VALEUR D'UN HOMME

*(au centre, un homme, jonglant
avec des vases)*

548

Une fourmi qui veut ébranler un grand arbre, c'est risible ; elle ne calcule pas sa force.

(Han-Iú)

549

Insensé, celui qui frappe une cloche avec un brin de paille.

(Proverbe)

550

Un petit sac ne peut contenir un grand objet ; *une corde courte ne peut atteindre le fond du puits.*

(Mong-Tseu)

551

Avec une corde courte, on ne peut tirer l'eau d'un puits profond.

(Proverbe)

552

Lorsqu'on prend un gourdin pour appeler un chien, il ne vient pas.

(Proverbe)

553

Si une coupe d'eau ne suffit pas à éteindre un incendie, il ne faut pas en conclure que l'eau est impuissante contre le feu.

(Mong-Tseu)

554

Dépasser le but, c'est comme ne pas l'atteindre.

(Confucius)

555

Quand le peigne est trop fin, il arrache les cheveux.

(Proverbe)

556

Au lieu de remuer l'eau chaude pour arrêter les bouillons, mieux vaut retirer les combustibles pour supprimer le feu.

(You-Ho)

557

A quoi bon jouer du luth en présence d'un âne ?

(Proverbe)

LA DÉTERMINATION - L'ACTION

558

Parler ne fait pas cuire le riz.

(Proverbe)

559

Le bavardage est l'écume de l'eau ; l'action est une goutte d'or.

(Proverbe)

560

L'homme de bien est lent à parler mais il agit promptement.

(Confucius)

561

Le sage ne calcule pas s'il réussira ou échouera, les chances pour et contre. Il fixe le but, puis y tend.

(Lie-Tseu)

562

La parole la plus efficace est celle qui ne s'entend pas ; l'action la plus intense est celle qui ne paraît pas.

(Lie-Tseu)

SHOU

HABILE ACTIVITÉ
(Représentation d'une main)

563

De même que la roue et le sarcloir servent peu si l'on n'attend pas l'époque favorable, de même la prudence et la perspicacité servent peu si l'on ne saisit pas l'occasion favorable.

(Mong-Tseu)

564

Un jour en vaut trois pour qui fait chaque chose en son temps.

(Proverbe)

565

Pour te défendre, n'attends pas d'être accablé sous les traits de ton adversaire, ni d'avoir les yeux éblouis par ses armes.

(Mong-Tseu)

566

Le tigre lui-même, a des moments d'assoupissement.

(Proverbe)

567

Le chien au chenil aboie à ses puces ; le chien qui chasse ne les sent pas.

(Proverbe)

568

Quand les cuisiniers se battent, tout se refroidit ou se brûle.

(Proverbe)

569

Celui qui poursuit un cerf ne s'occupe pas des lapins.

(Proverbe)

570

Si le ciel vous jette une datte, ouvrez la bouche

(Proverbe)

571

Qui se fait brebis, le loup le mange.

(Proverbe)

572

Le dragon immobile dans les eaux profondes devient la proie des crevettes.

(Proverbe)

LA VOLONTÉ

573

On peut enlever à un général son armée, mais non à un homme sa volonté.

(Confucius)

574

Quand la route est longue, on connaît la force du cheval ; quand une affaire est longue, on connaît la volonté d'un homme.

(Proverbe)

575

Les plumes du phénix se brisent quelquefois, mais qui pourrait dompter une âme de dragon ?

(Yen Yen-tche)

576

Rien de beau ne se fait sans beaucoup de fatigue.

(Proverbe)

577

Demander à soi-même vaut mieux que demander aux autres.

(Proverbe)

SHI

VOLONTÉ
RÉSOLUTION

(en haut, ce qui pousse dans le cœur, en bas)

578

Celui qui marche le plus vite atteint le terme le premier.

(Seu-Ma-Ts'ien)

579

Lorsque deux hommes ont la même volonté, leur force brise le métal.

(Confucius)

580

A œuvres extraordinaires, hommes peu ordinaires.

(Proverbe)

581

Un voyage de mille lieux a commencé par un pas.

(Lao-Tseu)

582

Ce n'est qu'au plus froid de l'année que, derniers à perdre leur feuillage, le pin et le cyprès révèlent leur ténacité.

(Confucius)

583

Mieux vaut être endurant que conciliant.

(Proverbe)

LE SANG-FROID
LA MAÎTRISE DE SOI

584

L'homme maître de soi n'aura pas d'autre maître.

(Lao-Tseu)

585

Qui est esclave de ses désirs ne peut en même temps rester maître de lui.

(Confucius)

586

Qui s'avance avec trop d'empressement, reculera plus vite encore.

(Mong-Tseu)

587

Sur le versant d'une montagne, il ne faut jamais faire un pas en arrière.

(Proverbe)

588

Pourquoi se jeter à l'eau avant que la barque n'ait chaviré ?

(Proverbe)

589

Si l'on perd une rame, la barque se renverse.

(Tou-Fou)

590

Le malheur n'entre guère que par la porte qu'on lui a ouverte.

(Proverbe)

591

Le brave impétueux trouve la mort ; le brave circonspect restera en vie.

(Lao-Tseu)

592

Pensez trois fois avant d'agir ; et vous n'aurez aucun repentir

(Proverbe)

593

Une parole sortie de la bouche, quatre chevaux la rapportent difficilement.

(Proverbe)

594

Savoir endurer un moment de colère, c'est s'épargner un siècle de regrets.

(Proverbe)

595

Celui qui ne sait pas se fâcher est un sot ; mais celui qui ne veut pas se fâcher est un sage.

(Proverbe)

596

Ne va pas au-delà de ce que tu as prémédité ; imite le laboureur qui ne dépasse pas les limites de son champ.

(Commentaires sur le Tchouen-Ts'ieou)

597

Il ne suffit pas d'être brave ; il faut aussi avoir un peu de jugeotte.

(Confucius)

598

Qui ne sait par où il est venu, ne saura par où s'en aller.

(Proverbe)

599

Redoute les mouvements de tes mains et de tes pieds, lorsqu'ils ne sont pas commandés par ta tête.

(Proverbe)

600

Le plus grand conquérant est celui qui sait vaincre sans bataille.

(Lao-Tseu)

LA CIRCONSPECTION - LA PRUDENCE

601

Quand la crainte ne veille pas, il arrive ce qui était à craindre.

(Lao-Tseu)

602

Quand on est sûr qu'il y a des tigres sur la montagne, on se garde bien de s'y rendre.

(Proverbe)

603

Ne cherchez pas à échapper à l'inondation en vous accrochant à la queue du tigre.

(Proverbe)

604

Qui chevauche un tigre n'en descend pas aisément.

(Proverbe)

605

J'ai vu des hommes périr en marchant dans l'eau ou dans le feu ; je n'ai jamais vu personne périr en marchant dans la voie du bien.

(Confucius)

善

SHAN

**BIENFAISANT
BIENVEILLANT**

*(douceur du mouton
entre les antagonistes)*

606

Stratégie vaut toujours mieux que témérité.
>(Confucius)

607

Qui se craint lui-même n'a plus rien à craindre.
>(Proverbe)

608

On gagne toujours à taire ce qu'on n'est pas obligé de dire.
>(Proverbe)

609

Le mot, fut-il au bord de ta langue, retiens-en la moitié
>(Proverbe)

610

Une robe trop longue entortille les jambes une langue trop longue embrouille la tête
>(Proverbe mongol)

611

Écoute avec ton esprit plutôt qu'avec tes oreilles
>(Confucius)
>(Cité par Tchouang-Tseu)

612

Si vous doutez de ce que vous voyez, comment pouvez-vous croire ce que l'on dit ?

(Proverbe)

613

Ne chassez jamais un chien sans savoir qui est son maître

(Proverbe)

614

Un écart grand comme l'épaisseur d'un cheveu finit par conduire à mille stades loin du vrai chemin.

(Le Li-Ki)

615

Les beaux chemins ne mènent pas loin.

(Proverbe)

616

Il est plus facile de marcher que d'effacer les traces de ses pas après avoir marché.

(Tchouang-Tseu)

617

Si le vent ne souffle pas, les feuilles ne sont pas agitées

(Proverbe)

618

En toute affaire, reculez d'un pas et vous aurez l'avantage.

(Kang-Hsi)

619

Parler à un grand sans avoir d'abord observé l'air de son visage, j'appelle cela de l'aveuglement.

(Confucius)

620

A soutenir à la légère une contestation contre plus puissant que soi, on verra venir le malheur comme un fruit cueilli à la main.

(Le Yi-King)

621

La rose n'a d'épines que pour qui veut la cueillir.

(Proverbe)

622

Celui qui s'est brûlé en prenant du bouillon trop chaud souffle même sur le ragoût froid.

(T'ang-Chouen-Tcheu)

623

Plus une montagne est affreuse, plus elle gagne à être vue de loin.

(Proverbe)

624

Une petite étincelle négligée peut causer un vaste incendie.

(Proverbe)

625

Une seule parole peut ruiner une affaire.

(Proverbe)

626

Une seule fente peut couler un bateau.

(Proverbe)

627

Il en est du génie, du talent et de la science comme de la vertu : plus ils attirent les regards, plus ils menacent ruine.

(Proverbe)

LA PRÉVOYANCE

628

Ce ne sont pas les mauvaises herbes qui étouffent le grain, c'est la négligence du cultivateur.

(Proverbe)

629

Les tuiles qui garantissent de la pluie ont été faites par beau temps.

(Proverbe)

630

L'imprévoyant creuse un puits quand il a soif.

(Proverbe)

631

Ce n'est pas en un seul jour de froid que l'eau gèle sur trois pieds de profondeur

(Proverbe)

632

Ce qui a fleuri doit dépérir, telle est la loi de la nature.

(Tchou-Hi)

633

Celui-là est en danger, qui croit sa position définitivement assurée.

(Proverbe)

634

Vous avez le char ; puis viennent les ornières.

(Proverbe)

635

Tu pars pour un jour, emporte des provisions pour deux jours ; tu voyages l'été, emporte tes habits d'hiver.

(Proverbe)

636

Si vous devez parcourir dix lis, songez que le neuvième marquera la moitié du chemin.

(Proverbe)

LA PERSÉVÉRANCE

637

Beaucoup de petites défaites peuvent amener une grande victoire.

(Le Tchouang-Tseu)

638

Ce que d'autres peuvent faire au premier essai, il le fera au centième ; ce que d'autres peuvent faire au dixième essai, il le fera au millième. Sans doute, celui qui tiendra cette conduite, fut-il ignorant, deviendra éclairé, fut-il faible, il deviendra fort.

(Tcheng-Tseu)

639

Les dieux et les fées se trompent aussi.

(Proverbe)

640

Qui veut devenir dragon doit manger d'abord beaucoup de petits serpents.

(Proverbe)

641

Qui veut gravir une montagne commence par le bas

(Confucius)

龍

LONG

EMPEREUR
ÉMINENCE

(Représentation d'un dragon)

642

Une montagne, si haute qu'elle soit, craint un homme lent.

(Proverbe)

643

Celui qui a déplacé la montagne, c'est celui qui a commencé par enlever les petites pierres.

(Proverbe)

644

Le fruit mûr tombe de lui-même, mais il ne tombe pas dans la bouche.

(Proverbe)

645

Cherchez et vous trouverez ; si vous cessez de chercher, vous ne trouverez pas.

(Proverbe)

9

LA VIE EN SOCIÉTÉ

Même à leur époque, l'enseignement des sages chinois ne fut pas toujours suivi d'effets positifs dans la réalité des faits. Le sage montre la voie, conseille, propose, et l'homme (ou le souverain) dispose... Ainsi, « l'âge d'or » de la sagesse chinoise — *grosso modo*, les Vᵉ et IVᵉ siècles avant notre ère —, c'est aussi l'époque des « Royaumes combattants ». Une époque troublée où le sage a visiblement bien du mal à faire admettre sa vision d'une société harmonieuse, s'épanouissant sans heurts ni violence. Une vision pourtant nullement théorique ou utopique puisqu'elle fait référence à des modèles de société plus anciens ayant laissé le souvenir d'un épanouissement paisible et harmonieux des hommes au sein de la cité — sous le sage gouvernement du roi Wang, fondateur de la dynastie des Tchéou, par exemple. Au point que certains exégètes chinois en vinrent plus tard à se demander si le vol — toujours révélateur d'une société en mal d'équilibre — y était même connu et pratiqué. Quand bien même y aurait-il en cela une part de légende, les conseils des sages relativement à l'organisation de la vie en communauté n'en restent pas moins d'actualité, aujourd'hui plus que jamais, à une époque où la violence et la délinquance montrent que nos sociétés n'ont finalement guère évolué sur la voie de la sagesse depuis plus de trois mille ans.

L'ART ET LA MANIÈRE
DE CONDUIRE LES HOMMES

646

Union sans chef, il faut craindre le pire.

(Le Yi-King)

647

Un prince sage, avant d'exiger une chose des autres, la pratique d'abord lui-même.

(Confucius)

648

Celui qui ne sait pas régler sa conduite, comment règlerait-il celle des autres ?

(Confucius)

649

Si l'on veut monter un bon cheval, il ne faut pas épargner le picotin.

(Proverbe)

650

Les gros poussins ne mangent pas de petits grains.

(Proverbe)

王

WANG

LE ROI
LE SOUVERAIN

*(un trait vertical relie les trois traits
du trigramme cher aux Chinois :
le ciel [en haut], l'homme et la terre)*

651

Au cheval le plus sûr, ne lâche pas la bride.

(Proverbe)

652

Il ne faut pas employer ceux qu'on soupçonne, ni soupçonner ceux qu'on emploie.

(Proverbe)

653

Les inférieurs prennent la forme que leur donnent les supérieurs. Comme la glaise qui est sur la roue du potier ; tout dépend uniquement de l'ouvrier.

(Mong-Tseu)

654

Quand il y a sept timoniers sur huit marins, le navire sombre.

(Proverbe)

655

S'il a deux maîtres, le cheval est maigre ; si la barque est à deux, elle fait eau.

(Proverbe)

656

Lorsqu'il entend souvent prononcer le mot « changement », le prince peut s'y fier et agir . il rencontrera foi

(Le Yi-King)

657

Bride de cheval ne va pas à un âne.

(Proverbe)

658

La bouse de vache est plus utile que les dogmes. On peut en faire de l'engrais.

(Mao-Tsé-Toung)

L'EXERCICE DU POUVOIR

659

Un homme du peuple se perd en tombant à l'eau, un lettré en donnant trop de liberté à sa plume, un prince en s'aliénant le peuple.

(Proverbe)

660

La vertu des hommes d'État fait vite prospérer leur gouvernement, comme la vertu de la terre fait croître rapidement les arbres.

(Confucius)

661

Le ciel n'a pas deux soleils ; le peuple n'a pas deux souverains.

(Mong-Tseu)

662

Les habits doivent être neufs, les hommes anciens.

(Proverbe)

663

Aimer ce que le peuple aime et avoir en aversion ce qu'il a en aversion, cela s'appelle être le père du peuple.

(Confucius)

DIAN

GOUVERNER
DIRIGER, LOI

*(en haut, écrits importants
posés sur une petite table, en bas)*

664

Tel empereur, telle cour.

(Proverbe)

665

A la cour comme à la mer, le vent qu'il fait décide de tout

(Proverbe)

666

Servir un prince, c'est comme dormir avec un tigre

(Proverbe)

667

On nous dit d'exercer des charges, mais elles ont beaucoup d'épines et de dangers.

(Mong-Tseu)

668

Les princes pensent à rendre leurs sujets heureux que lorsqu'ils n'ont plus rien à faire

(Proverbe)

669

Un mot perd l'affaire ; un homme détermine le sort d'un empire.

(Tsheng-Tseu)

XIANG

GUIDER
SURVEILLER, AIDER

*(à droite, un œil, regardant ce qui se passe
dans la forêt, à gauche)*

670

Chaumière où l'on rit vaut mieux que palais où l'on pleure.

(Proverbe)

671

L'administration est comme les joncs et les roseaux. (Elle se développe rapidement...)

(Le Li-Ki)

672

Les bonnes jambes et les bons bras font l'homme robuste ; ainsi le bon ministre fait le sage souverain.

(Proverbe)

673

Il est facile de recruter mille soldats, mais il est difficile de trouver un bon général.

(Proverbe)

HUA

CRÉER
SE TRANSFORMER, CIVILISER

*(à gauche, homme + homme
renversé, à droite)*

LA JUSTICE

674

L'*empereur peut tout pour le bien, mais rien contre la justice.*

(Proverbe)

675

E*n établissant des lois, il faut être sévère ; en les appliquant, il faut user de clémence.*

(Proverbe)

676

S*i les bons ne sont pas profitables à la nation, ne leur accordez pas de récompenses ; si les mauvais ne troublent pas le bon ordre, ne leur infligez pas de peines.*

(Wang-Tch'ong)

677

Q*ui vole une pièce d'argent se voit condamné ; qui vole un État se voit couronné.*

(Proverbe)

678

U*ne injustice n'est rien, si on parvient à l'oublier.*

(Confucius)

679

Il y a une sanction pour le bien et pour le mal ; si elle tarde, c'est que l'heure n'est pas venue.

(Proverbe)

680

L'homme de qualité regarde son entourage ; si les mœurs sont bonnes et pacifiques, les institutions sont bonnes

(Le Yi-King)

LE PARTAGE

681

En effet, si le partage est égal, il n'y aura plus de pauvres.

(Confucius)

682

Quand l'inférieur est à son aise, le supérieur est tranquille

(Le Yi-King)

683

Si la base est solide, la maison est solide.

(Le Yi-King)

684

Si le prix des grains est très élevé, les pauvres sont malheureux ; s'il est très bas, les laboureurs souffrent préjudice.

(Ts'ien-Han-Tchou)

MIN

L'HUMANITÉ
LE PEUPLE

(Représentation de plusieurs rameaux entrelacés)

TROUBLES ET CONFLITS

685

Le prince qui perd l'affection de son peuple, perd son peuple.

(Confucius)

686

Arrêtez le mal avant qu'il n'existe ; calmez le désordre avant qu'il n'éclate.

(Lao-Tseu)

687

Le peuple se déprave uniquement parce qu'on travaille à le pervertir.

(Confucius)

688

C'est la langue qui met le trouble dans la société.

(Proverbe)

689

Il suffit d'un morceau de viande corrompue pour gâter le bouillon de toute une marmite.

(Proverbe)

WU

GUERRIER

(à droite, hallebarde qui arrête, en bas à gauche)

690

L'*eau du fleuve a beau être trouble, elle deviendra claire.*

(Po-Kin-Yi)

691

La *langue émet de bons conseils, mais aussi elle allume des guerres.*

(Proverbe)

692

Les *plaintes et les remontrances du peuple sont pour le souverain ce que le démêloir est à la chevelure.*

(Proverbe)

693

Écoutez *les chants populaires ; le peuple y remontre à ses supérieurs leurs fautes et leurs défauts.*

(Proverbe)

694

Quand *le peuple ne craint plus le pouvoir, c'est qu'il espère déjà un autre pouvoir.*

(Lao-Tseu)

695

La *prospérité d'un État lui attire la ruine, comme la grandeur d'un arbre appelle la cognée.*

(Lie-Tseu)

696

Verser de l'eau froide sur le pot qui bout ne vaut pas retirer le bois du foyer.

(Proverbe)

697

La guerre est la fête des morts.

(Proverbe)

698

Les armes sont comme le feu ; si l'on n'étouffe pas le feu, on se brûle.

(Commentaire sur le Tchouen-Ts'ieou)

699

Plus on approche de l'ennemi, plus les tigres de la cour deviennent agneaux.

(Proverbe)

700

Quand un État a remporté cinq grandes victoires, il est en ruine.

(Ou-Tsé)

SOURCES DES SENTENCES DES SAGES CHINOIS

NOTA : *Lorsqu'un ouvrage a fait l'objet de plusieurs traductions, les citations proviennent pour l'essentiel du premier ouvrage cité.*

— Le *Yi-King*. Environ 100 av. J-C. Traduit du chinois par P.L.F. Philastre. Paris. 1896.
— L'*ABC du Yi-King*, par Bernard Ducourant. Editions J. Grancher. Paris. 1987.
— Le *Chou-king*, Annales des premières dynasties. Traduit du chinois par F.S. Couvreur. 1897.
-- Le *Che-Ki* (Mémoires historiques), de Seu-Ma-T'sien. Traduit du chinois par F.S. Couvreur. 1890.
— Le *Li-Ki*, Mémoires sur les rites. Traduit du chinois par F.S Couvreur. 1897.
— Le *Tsouo Tchouen* Commentaires sur le Tchou-Ts'ieou (chronique du pays de Lou). vᵉ siècle av. J-C.
— Le *Louen Yu* (les entretiens de Confucius) (vers 551-479 av. J.-C.)
  Traduit du chinois par Anne Chang. Editions du Seuil. Paris. 1981.
  Traduit du chinois par F.S. Couvreur. 1895.
— Le *Ta Hio* (la Grande Etude), attribué à Confucius
  Traduit du chinois par G. Pauthier. Firmin Didot éditeur. Paris. 1832.
— Le *Tchong Yong* (L'Invariable Milieu), attribué à Confucius
  Traduit du chinois par G. Pauthier. Firmin Didot éditeur. Paris. 1832.

— Le *Tao Te King* (*le Libre de la Voie et de la vertu*) *de Lao-Tseu (vers 570-490 av. J.-C.*
  Traduit du chinois par François Houang et Pierre Leyris. Editions du Seuil. Paris. 1979.
  Traduit du chinois par J.-J.-L. Duyvendak. Ed. A. Maisonneuve. 1981.
  Traduit du chinois par Léon Wieger. Les humanités d'Extrême-Orient. Cathasia. 1950.

— *Le Nan-Houa-Tchenn-king*, de Tchouang-Tseu, philosophe taoïste (IVe-IIe siècle av. J.-C.)
  Traduit du chinois par Liou Kia-Way (L'œuvre complète de Tchouang Tseu). Collection Unesco. Gallimard. 1969.
  Traduit du chinois par Léon Wieger (Les Pères du système taoïste). Les humanités d'Extrême-Orient. Cathasia. 1950.

— Le *Lie-Tseu* ou le Vrai Classique du vide parfait, *attribué à Lie-Tseu, philosophe taoïste (vers le VIe siècle av. J.-C.)*
  Traduit du chinois par Benedykt Grynpas. Editions Gallimard. 1961.
  Traduit du chinois par Léon Wieger. Les humanités d'Extrême-Orient. Cathasia. 1950.

— Mong-Tseu (Mancius), philosophe confucianiste (IVe siècle av J.-C).
  Traduit du chinois par F.S. Couvreur. Kuangchi Press. 1972.

— *Siun-Tseu*. Philosophe confucianiste (vers 300-200 av. J.-C.)
  Traduit du chinois par F.S. Couvreur. 1890.

— Le *You-Ho*. (Connaisances nécessaires aux jeunes étudiants). Traduit du chinois par F.S. Couvreur. 1890.

— *Dictionnaire classique de la langue chinoise*, par F.S. Couvreur. Kuangchi Press. 1966.

SOURCES DES PROVERBES CHINOIS

— *Tchen-Ki-Tong* (Les Chinois peints par eux-mêmes). 1884.
— *Proverbes chinois*, recueillis par Paul Perny. Paris. 1869.
— *Dictons et proverbes chinois*, par J. Van Oost. Paris. 1918.
— *Sentences mandchoues et mongoles*, recueillies par Louis Rochet. Paris. 1875.

DIVERS

— *Anthologie de la poésie chinoise classique*, sous la direction de Paul Demiéville. Editions Gallimard. 1962.
— *Dictionnaire des citations du monde entier*, de Karl Petit. Editions Gérard et Cie. 1960.
— *Dictionnaire des proverbes, sentences et maximes*, de Maurice Maloux. Larousse. 1980.
— Les commentaires des caractères chinois sont librement interprétés de *L'idiot chinois. Initiation à la lecture des caractères chinois* de Kyril Ryjik. Payot. 1980

INDEX DES PROVERBES ET SENTENCES PAR MOTS-CLEFS

(Renvoi au numéro des sentences ou proverbes)

Action, 373, 428, 454, 559, 560, 561, 562, 566, 567, 578, 599
Administration, 671
Adversité (voir Ruine, Echec)
Affaires (voir Commerce)
Aimer, 205, 286, 287, 288, 349, 460
Ambition : 117, 120, 126, 127, 129, 132, 133, 138, 139, 281, 481, 548
Ame (humaine), 389
Amitié, 197, 404 à 414
Amour (du pouvoir), voir Pouvoir
Amour, 282 à 306
Amour-propre, 200, 201
Apparence (des choses), 15, 33, 169
Apparences, 115, 168, 169, 177, 204, 293, 298, 387
Apprentissage (de la vie), 390 à 403, 640
Argent (Amour de l'), 31, 142, 210, 213, 215, 233
Argent (pouvoir de l'), 212, 227, 242, 262, 649
Argent, 210 à 220, 350, 351, 650
Arrogance, 195, 196, 199, 202, 229, 272, 276
Artisan (de son propre sort), 116, 344, 448, 449, 504, 532, 533
Assistance, 443
Autorité (chef d'Etat), 646, 647, 654, 655, 659, 660, 661, 668, 669, 673, 674, 685
Avarice, 218
Avenir, 23, 534
Avidité, 141, 143, 144, 147, 213, 215

Beauté, 295, 304, 315, 317, 318, 470
Bien (le), 100, 118, 419, 605
Bien-être, 31, 302, 539
Bienfaits, 503, 504
Bienveillance (la), 495 à 503, 505, 507
Bonheur (le), 48, 385, 415 à 427, 670

Calomnie, 153, 160, 162, 172
Caractère (inné), 57, 382, 514
Caractère (tempérament), 55, 56
Catastrophes, 21
Célébrité (voir Renommée)
Chance, 333
Charité (voir Générosité)
Ciel, 22, 300, 382
Clémence, 675
Cœur (de l'homme), 59, 60, 65, 66, 67, 107, 120, 192, 263
Colère, 180, 188, 594, 595
Commerce, 251 à 269, 618, 625
Condition humaine, 20, 22 à 37, 108
Conflits, 685 à 700
Connaissance (de soi), 379 à 383, 386, 459
Connaissance (la), 372 à 389, 393, 394, 395, 453, 456, 645
Conquérant, 600
Conscience, 7, 16, 19
Conseils (bons et mauvais), 96
Convoitise (voir Envie)
Correction, 354, 355, 441
Courage, 541
Courtisan(s), 166, 170, 438, 475, 518, 664, 665, 666
Culture, 97, 500
Curiosité, 208, 209
Défauts, 74, 75, 87, 380, 471, 693
Défendre (se), 565
Désirs, 109, 112, 485, 584
Désordre, 533, 686
Destin, 47
Destinée humaine, 1 à 21, 24, 47
Dettes, 266, 267, 268, 269
Devoir (le), 80, 99
Douceur (la), 495, 497, 498, 571

Echec, 134, 390, 637
Education (apprentissage), 29, 138, 340, 349 à 358, 391, 397
Effort, 27, 30, 578, 636, 641, 644
Egarement (des hommes), 42, 113, 378, 549
Egoisme, 205, 206, 207
Endurance, 582, 583
Enfants, 240, 323, 349 à 358
Envie, 145, 146, 147, 148, 149

Erreurs, 113, 693
Esprit, 105, 376, 377, 429, 511, 611
Etude(s), 359 à 371, 375, 391, 398, 401, 402
Excès, 136, 477, 482
Expérience, 395

Faiblesse (de caractère), 103, 699
Fautes, 114, 177, 204, 441, 445, 446, 449, 461, 616, 69?
Femme(s), 106, 284, 307 à 329
Filles (jolies), 33, 308, 315, 439
Flatterie, 161 à 166
Force, 480, 552

Générosité, 525, 526, 527, 528, 529
Gloire (voir Renommée)
Gouvernement, 221, 646, 647, 652 à 673
Grands (les), 619, 620, 674, 682, 685
Grands hommes, 93, 580
Guerre(s), 691, 697, 698, 700
Haine, 184, 460
Hiérarchie, 27, 28, 137
Homme (de bien), 68, 89, 90, 92, 98, 102, 103, 409, 431, 438, 444, 445, 457, 560
Homme (de peu), 68, 89, 90, 94, 95, 98, 99, 102, 103, 177, 179, 204, 409, 440
Homme (nature de l'), 53, 54, 62, 63, 64, 67, 502
Honnêteté, 247, 491
Hypocrisie, 167 à 175
Ignorance, 361, 378, 638
Impartialité, 91
Impétuosité (voir Témérité)
Indiscrétion (voir Curiosité)
Infidélité, 344, 345, 346
Inhumanité, 73
Injustice, 678
Insatiable, 76, 109, 110, 128, 130, 131, 141, 143
Insécurité, 234, 235, 238, 241, 243, 246, 411, 487
Institutions, 680
Intelligence, 33, 61
Ivresse, 124, 125, 515

Jalousie, 259, 313
Jeunesse, 226, 352, 356, 357

Joie, 416, 421, 425
Juste milieu, 263, 473 à 486
Justice, 224, 263, 468, 674 à 680

Liberté, 32
Lois, 675
Louanges, 161, 162
Loyauté, 490, 492, 494
Lâcheté, 118, 175

Mal (le), 100, 122, 123, 168, 169, 465, 466, 502, 686
Maladie, 51
Malheur, 423, 426, 455, 590
Malhonnêteté, 246, 257, 258, 261, 281, 491
Marginaux, 63
Mariage (voir Union)
Maîtrise de soi, 442, 584 à 600
Méchanceté, 65, 70, 96, 353
Médecine, 397
Médiocrité, 447
Médisance, 150 à 160, 172
Mémoire, 264
Mensonge, 176, 177, 178, 316, 486
Mépris, 501, 518
Ministre(s), 173, 662, 665, 666, 672
Mort (La vie et la), 38 à 50, 73, 241, 478
Nature (la), 36, 632
Négligence, 589, 624, 626, 628
Noblesse (de caractère), 102, 503
Nonchalance (voir Paresse)
Nourriture, 149, 432, 433
Oisiveté, 31
Opinions, 52
Orgueil, 165, 190 à 204, 235

Pardon, 106, 464
Paresse, 370, 572
Parler (trop), 83, 86, 197, 198, 199, 308, 310, 311, 414, 431, 450, 452, 454, 558, 593, 608, 609, 611, 619, 625
Paroles (belles), 72, 85 167, 171, 174, 190, 192, 197, 227, 451, 612
Paroles (mauvaises), 150, 151, 152, 155, 156, 157, 463, 688, 691
Partage, 525, 527, 528, 681, 684

Passions (humaines), 107, 143, 515
Patience, 331, 520, 521, 522, 523, 524
Pauvreté, 221 à 232, 239, 240, 684
Pensée (voir Esprit)
Pensée(s), 37, 592
Père (de famille), 336
Perfection, 447, 545, 546
Persévérance, 363, 576, 637 à 645
Perspicacité, 321, 484, 547, 563
Peuple, 663, 668, 682, 683, 685, 687, 688, 689, 692, 693, 694
Philosophie, 35
Pitié, 207
Pouvoir, 694
Pouvoir (amour du), 31. 137, 140
Présent (le), 25
Prévoyance, 628 à 636
Privilèges, 91, 95
Profit(s), 142, 258
Projets (grands), 542
Providence, 21, 570, 644
Prudence, 217, 461, 563, 601 à 607, 651

Querelles,182, 188, 189, 339, 341, 462, 556, 568, 696

Raison (la) 81
Rancune, 182, 184
Récompenses, 76, 369, 676
Réflexion, 531, 597, 599
Regrets, 594
Relations humaines, 58
Renommée, 46, 251, 270 à 281, 509, 513, 516, 627, 633, 634
Repentir 396, 592
Retour (de bâton), 111
Réussite, 133, 627, 633, 634, 637, 640, 641 642, 643, 644, 645
Rêve(s), 11, 12, 365
Richesse(s), 220 à 247, 281, 350, 351, 529, 670
Ruine, 248, 249, 250, 266, 281, 406, 695

Sage (le), 44, 64, 273, 276, 436, 437, 439, 469, 470, 472, 595
Sagesse, 88, 276, 434, 435, 439, 458
Sanction(s), 679
Sang-froid (voir Maîtrise de soi)
Silence 414

Simplicité, 173, 508 à 519
Sincérité, 164, 167, 171, 179, 299, 487 à 494
Solidité, 536, 537, 538
Sot (sottise), 104, 105, 106, 193, 230, 452, 458, 557, 595
Soupçons, 652
Souplesse (d'esprit), 201
Souvenirs, 37

Talent(s), 194
Témérité (impétuosité), 49, 133, 135, 138, 451, 474, 554, 586, 591, 596, 597, 598, 602, 604, 606, 621
Temps (chaque chose en son) 543, 564, 569
Temps (perdu) 13, 14, 17, 18
Temps (qui passe), 3, 6, 8, 9, 10, 13, 36, 522, 540
Ténacité, 582
Tranquillité, 510, 511, 617, 642

Union, 306, 324, 330 à 348

Vanité (des choses humaines), 10, 26
Vantardise, 195, 198, 507
Vengeance, 181, 301
Vérité (la), 82, 84, 178, 227, 316, 388, 467
Vertu(s), 69, 71, 78, 79, 168, 174, 194, 251, 259, 274, 285, 326, 396, 420, 463, 660
Vice(s), 69, 119, 121, 124, 125, 305, 343, 420
Vieillesse, 226, 291
Violence, 183, 185, 186, 187, 189, 260, 341, 700
Vitalité, 101
Vivre (bien), 40
Voisin, 410
Voleur (vol), 101, 148, 213, 234, 235, 243 677
Volonté, 77, 573 à 583

TABLE DES MATIÈRES

*Le chiffre renvoie au numéro des sentences
ou proverbes*

INTRODUCTION.

CHAPITRE 1

De la destinée humaine	1 à 21
De la condition humaine	22 à 37
De la mort et de l'au-delà	38 à 51

CHAPITRE 2

De la nature humaine	52 à 88
L'homme de bien et l'homme de peu	89 à 103
La sottise	104 à 106

CHAPITRE 3

Des passions humaines	107 à 125
L'ambition	126 à 140
L'avidité	141 à 145
L'envie - La convoitise	146 à 149
La médisance	150 à 160
La flatterie	161 à 166
L'hypocrisie - La dissimulation	167 à 175
Le mensonge	176 à 179
La colère - La violence	180 à 189
L'orgueil - L'arrogance	190 à 204
L'égoïsme	205 à 207
La curiosité - L'indiscrétion	208 à 209

CHAPITRE 4

De l'argent	210 à 220
La richesse et la pauvreté	221 à 247
La ruine	248 à 250
Du commerce et des affaires	251 à 269
Les honneurs et la célébrité	270 à 281

CHAPITRE 5

De l'amour	282 à 306
De la femme	307 à 319
La guerre des sexes	320 à 329
Du mariage	330 à 348

CHAPITRE 6

L'étude et la connaissance.

Des enfants et de leur éducation	349 à 358
De l'étude	359 à 371
De la connaissance	372 à 378
La connaissance de soi	379 à 383
La connaissance d'autrui	364 à 389
L'apprentissage de la vie	390 à 403

CHAPITRE 7

De l'amitié	404 à 414
Du bonheur	415 à 427

CHAPITRE 8

Les qualités de l'homme de bien	428 à 472
Le juste milieu	473 à 486
La sincérité - La loyauté	487 à 494
Le calme et la bienveillance	495 à 503
La bonté et le respect d'autrui	504 à 507
La simplicité - La tranquillité	508 à 519
La patience	520 à 524
La générosité - La charité	525 à 529
L'organisation - La méthode	530 à 557

La détermination - L'action	558 à 572
La volonté	573 à 583
Le sang-froid - La maîtrise de soi	584 à 600
La circonspection - La prudence	601 à 627
La prévoyance	628 à 636
La persévérance	637 à 645

CHAPITRE 9

La vie en société.

L'art et la manière de conduire les hommes	646 à 658
L'exercice du pouvoir	659 à 673
La justice	674 à 680
Le partage	681 à 684
Troubles et conflits	685 à 700

Sources des sentences et proverbes	pages 219 à 221
Index des proverbes et sentences par mots-clefs	pages 223 à 228

EXTRAITS DU CATALOGUE

Spiritualités vivantes

43. *Tao Te King, Le Livre de la Voie et de la Vertu*, Lao Tseu.
55. *Aphorismes et paraboles*, Tchouang Tseu, présentés par Marc de Smedt.
149. *Traité du vide parfait*, Lie Tseu.
154. *La Religion des Chinois*, Marcel Granet. Préface de Georges Dumézil.
160. *L'Éveil subit* suivi de *Dialogues du Tch'an*, Houei-Hai.
172. *L'Esprit du ch'an, Aux sources chinoises du zen*, Taisen Deshimaru.
187. *Le Rêve du papillon*, Tchouang Tseu.
188. *Entre source et nuage. Voix de poètes d'hier et d'aujourd'hui*, François Cheng.
193. *Comprendre le Tao*, Isabelle Robinet.
198. *Confucius*, Jean Levi.
229. *Les Formes du vent. Paysages chinois en prose*, traduits par Martine Vallette-Hémery.
248. *L'Art de la sieste et de la quiétude*, poèmes chinois traduits et présentés par H. Collet et C. Wing Fun.
249. *Le Yi Jing. Pratique et interprétation pour la vie quotidienne*, par A. de Beaucorps et D. Bonpaix.
258. *L'Art de vivre du Tao*, poèmes chinois traduits et présentés par H. Collet et C. Wing Fun.
261. *L'Art de bien vieillir dans l'esprit du Tao*, poèmes chinois traduits et présentés par H. Collet et C. Wing Fun.

Espaces libres

53. *La chronobiologie chinoise*, Gabriel Faubert et Pierre Crépon.
54. *Sentences et proverbes de la sagesse chinoise*, Bernard Ducourant.
73. *Thé et Tao. L'art chinois du thé*, John Blofeld, traduit par Josette Herbert.
118. *Le Rêve de Confucius*, Jean Levi.
180. *Le visage du vent d'est. Errances asiatiques*, Kenneth White.
196. *Les mouvements du silence*, Gregorio Manzur.
213. *Le Livre du Vide médian*, François Cheng.
222. *Contes de la chambre de thé*, Sophie de Meyrac.

Grand format

L'écriture chinoise, le choc de la modernité, Vivianne Alleton.
Le Livre du Vide médian, François Cheng.
Cinq méditations sur la beauté, François Cheng.
L'un vers l'autre. En voyage avec Victor Segalen, François Cheng.

Li Po, l'immortel banni sur terre, buvant seul sous la lune, Cheng Wing Fun et Hervé Collet.
L'Art de la sieste et de la quiétude, Cheng Wing Fun et Hervé Collet.
Matteo Ricci, le sage venu de l'Occident, Vincent Cronin.
Le Tao au jour le jour, 365 méditations taoïstes, Deng Ming-Dao.
Dans les temples de la Chine. Histoire des cultes, vie des communautés, Vincent Gossaert.
La Pensée chinoise, Marcel Granet.
La Civilisation chinoise, Marcel Granet, postface de Rémi Mathieu.
Au cœur de la Chine. Une Française en pays Miao, Françoise Grenot-Wang
Yi Jing. Le livre des changements, Cyrille Javary et Pierre Faure.
Le Discours de la tortue. Découvrir la pensée chinoise au fil du Yi Jing, Cyrille Javary.
100 mots pour comprendre les Chinois, Cyrille Javary.
Les Trois sagesses chinoises, Cyrille Javary.
Le Lao-Tseu suivi des *Quatre Canons de l'empereur Jaune*, Jean Lévi.
L'art du combat avec son ombre, Gregorio Manzur.
Passagère du silence, Fabienne Verdier

Les Carnets du calligraphe

Poésie chinoise, François Cheng, calligraphies de Fabienne Verdier.

Beaux livres

Le Vieux sage et l'enfant, Fan Zeng, textes de Cyrille Javary.
Le Miroir du calligraphe, Shan Sa.
L'Unique trait de pinceau. Calligraphie, peinture et pensée chinoise, Fabienne Verdier, préfaces de Cyrille Javary et de Jacques Dars.

Autres collections

Sagesses et malices de la Chine ancienne, Lisa Bresner et Killoffer.
Sagesses et malices de Confucius, Maxence Fermine et Olivier Besson.
Paroles du Tao, Marc de Smedt.
Paroles de Confucius, de Cyrille Javary.
Dictionnaire de la civilisation chinoise, collectif (Encyclopédia Universalis).

« *Espaces libres* »
au format de Poche

DERNIERS TITRES PARUS

120. *Religions en dialogue*, de J. MOUTTAPA.
121. *Le Courage de se libérer*, de P. et P. FENNER.
122. *Histoire des Dalaï-Lamas*, de R. BARRAUX.
123. *Du Sahara aux Cévennes*, de P. RABHI.
124. *Aux sources du zen*, d'A. LOW.
125. *Le Curé de Nazareth*, d'H. PROLONGEAU.
126. *L'Évangile d'un libre penseur*, de G. RINGLET.
127. *Le Courage de vivre pour mourir*, de N. MASSON-SÉKINÉ.
128. *Quand la conscience s'éveille*, d'A. de MELLO.
129. *Les Fables d'Ésope*, de J. LACARRIÈRE.
130. *L'Esprit des arts martiaux*, d'A. COGNARD.
131. *Sans les animaux, le monde ne serait pas humain*, de K. L. MATIGNON.
132. *L'Arc et la Flèche*, d'A. de SOUZENELLE.
133. *Adieu, Babylone*, de N. KATTAN. Préface de M. TOURNIER.
134. *Le Gardien du feu*, de P. RABHI.
135. *La Prière parallèle*, de C. PAYSAN.
136. *Dieu a changé d'adresse*, d'O. VALLET.
137. *La Danse de la réalité*, d'A. JODOROWSKY.
138. *Le Courage de changer sa vie*, d'A. DUCROCQ.
139. *Le Maître de nô*, d'A. GODEL.
140. *Les Fleurs de soleil*, de S. WIESENTHAL.
141. *Khalil Gibran*, de J.-P. DAHDAH.
142. *Ces ondes qui tuent, ces ondes qui soignent*, de J.-P. LENTIN.
143. *Les Dix Commandements intérieurs*, d'Y. AMAR.
144. *Guérir l'esprit*, collectif avec J.-Y. LELOUP, F. SKALI, Lama D. TEUNDROUP.
145. *La Quête du sens*, ouvrage collectif.
146. *La Foi ou la nostalgie de l'admirable*, de B. VERGELY.
147. *Traversée en solitaire*, de M.-M. DAVY.
148. *Éloge de la fragilité*, de G. RINGLET.

149. *L'Échelle des anges*, d'A. Jodorowsky.
150. *Petite grammaire de l'érotisme divin*, d'O. Vallet
151. *La Troisième Voie*, de D. E. Harding.
152. *Le Rire du tigre*, de M. de Smedt.
153. *L'Effort et la Grâce*, de Y. Amar.
154. *Appel à l'amour*, d'A. de Mello.
155. *L'Homme intérieur et ses métamorphoses*, de M.-M. Davy.
156. *Dictionnaire de la symbolique des rêves*, de G. Romey.
157. *Le Christianisme en accusation*, de R. Rémond et M. Leboucher.
158. *Entre désir et renoncement*, M. de Solemne avec J. Kristeva, R. Misrahi, S. Germain et D. Rimpoche.
159. *Sadhana, un chemin vers Dieu*, d'A. de Mello.
160. *L'Amour comme un défi*, de S. Rougier.
161. *Du bon usage de la vie*, de B. Besret.
162. *La Grâce de solitude*, de M. de Solemne avec C. Bobin, J.-M. Besnier, J.-Y. Leloup et Th. Monod.
163. *Le Meneur de lune*, de J. Bousquet.
164. *Vivre l'islam*, du Cheikh K. Bentounès.
165. *Méditation et psychothérapie*, ouvrage collectif.
166. *Les Échos du silence*, de S. Germain.
167. *Aimer désespérément*, M. de Solemne avec A. Comte-Sponville, É. Klein, J.-Y. Leloup.
168. *Entre sagesse et passions*, ouvrage collectif dir. par Alain Houziaux.
169. *Écologie et spiritualité*, ouvrage collectif.
170. *L'Évangile des païens, une lecture laïque de l'évangile de Luc*, d'O. Vallet.
171. *Simone Weil, le grand passage*, sous la dir. de F. L'Yvonnet.
172. *Histoires d'humour et de sagesse*, d'A. de Mello.
173. *L'Avenir de l'homéopathie*, de C. Boiron.
174. *Qu'Allah bénisse la France*, d'Abd al Malik.
175. *Soigner son âme*, de J. Vigne.
176. *La sagesse des contes*, d'A. Jodorowsky.
177. *Innocence et culpabilité*, de M. de Solemne avec P. Ricœur, S. Rougier, Ph. Naquet et J.-Y. Leloup.
178. *Petite méthode pour interpréter soi-même ses rêves*, d'H. Renard.
179. *Cheminer, contempler*, de M. Jourdan et J. Vigne.
180. *Le Visage du vent d'est. Errances asiatiques*, de K. White.

181. *Petit lexique des mots essentiels*, d'O. Vallet.
182. *Lettres sur la méditation*, de L. Freeman.
183. *Dix questions simples sur Dieu et la religion*, d'A. Houziaux.
184. *Dix questions simples sur la vie*, d'A. Houziaux.
185. *Les Nouveaux Penseurs de l'islam*, de R. Benzine.
186. *Au dernier survivant*, du rabbin D. Farhi.
187. *Schizophrénie culturelle*, de D. Shayegan.
188. *Apprendre à être heureux*, d'A. Houziaux.
189. *Inventaire vagabond du bonheur*, de J. Kelen.
190. *Le Secret de l'Aigle*, de L. Ansa et H. Gougaud.
191. *Le Retour de l'enfant prodige*, de H. Nouwen.
192. *Mu. Le maître et les magiciennes*, d'A. Jodorowsky.
193. *La Conférence des oiseaux*, de J.-Cl. Carrière.
194. *Enquête au cœur de l'Être*, dir. par G. E. Hourant.
195. *Paroles d'Orient*, de M. de Smedt.
196. *Les Mouvements du silence*, de G. Manzur.
197. *Jésus, Marie-Madeleine et l'Incarnation*, de J.-Y. Leloup.
198. *Juifs et chrétiens face au XXIe siècle*, coll. dir. par P. Thibaud.
199. *La Force de l'amour*, de Sœur Chân Không.
200. *Simon le Mage*, de J.-Cl. Carrière.
201. *Œdipe intérieur. La présence du Verbe dans le mythe grec*, d'A. de Souzenelle.
202. *Saint François d'Assise ou la puissance de l'amour*, de S. Rougier.
203. *Dieu versus Darwin*, de J. Arnould.
204. *Sagesses pour aujourd'hui*, entretiens réalisés par C. Mesnage.
205. *Jésus, l'homme qui évangélisa Dieu*, de R. Luneau.
206. *Anthologie du chamanisme*, de F. Huxley et J. Narby.
207. *La Roue de la médecine. Une astrologie de la Terre mère*, de S. Bear et Wabun.
208. *Moine zen en Occident*, entretiens avec R. et B. Solt, de R. Rech.
209. *Enquête sur la réincarnation*, dir. par P. Van Eersel.
210. *Une femme innombrable, le roman de Marie Madeleine*, de J.-Y. Leloup.
211. *Sœur Emmanuelle, la chiffonnière du ciel*, de sœur Sara et G. Collard.
212. *S'ouvrir à la compassion*, collectif dir. par L. Basset.
213. *Le Livre du vide médian*, de F. Cheng.
214. *Préceptes de vie de l'Abbé Pierre*, d'A. Novarino.

215. *Préceptes de paix des Prix Nobel*, de B. Baudouin.
216. *Cheminer vers la sagesse*, de D. Chopra.
217. *Le Chant des profondeurs*, collectif dir. par N. Nabert.
218. *Islam et démocratie*, de F. Mernissi.
219. *Le Harem politique*, de F. Mernissi.
220. *Contes de la chambre de thé*, de S. de Meyrac.
221. *Deux mille dates pour comprendre l'Église*, de M. Heim.
222. *La Femme dans l'inconscient musulman*, de F. Aït Sabbah.
223. *La Consolation des consolations. L'Abbé Pierre parle de la mort*, d'A. Novarino.
224. *La mort est une question vitale*, d'E. Kübler-Ross.
225. *Les Araignées sans mémoire et autres fables paniques*, d'A. Jodorowsky.
226. *Une spiritualité d'enfant*, collectif dir. par L. Basset.
227. *Quel devenir pour le christianisme ?* de Mgr P. Barbarin et L. Ferry.
228. *Thérapie de l'âme*, du Cheikh K. Bentounes.
229. *Cathares, la contre-enquête*, d'A. Brenon et J.-Ph De Tonnac.
230. *La Foi des démons ou l'athéisme dépassé*, de F. Hadjaj.
231. *Rastenberg*, de C. Singer.
232. *Cabaret mystique*, d'A. Jodorowsky.
233. *Le Sens du sacré*, ouvr. coll. dir. par N. Calmé.
234. *À l'écoute du ciel. Bouddhisme, christianisme, islam, judaïsme*, de F. Midal.
235. *J'ai mal à mes ancêtres. La psychogénéalogie aujourd'hui*, de P. Van Eersel et C. Maillard.
236. *Jésus rendu aux siens*, de S. Malka.
237. *L'islam sans soumission, pour un existentialisme musulman*, de A. Bidar.

Reproduction et impression CPI Bussière, avril 2012
à Saint-Amand-Montrond (Cher)
Editions Albin Michel
22, rue Huyghens, 75014 Paris
www.albin-michel.fr

ISBN 978-2-226-07754-7
ISSN 1147-3762
N° d'édition : 10117/21. – N° d'impression : 121317/1.
Dépôt légal : mars 1995.
Imprimé en France.